ビギナー教師のための
TOSSが提案する教育技術入門
学年別シリーズ　1

1年生の担任になったら…３６５日の教育設計

向山洋一・「教室ツーウェイ」編集部　編

明治図書

プロは、仕事の文法を身につけている

どんな仕事にも「仕事の文法」がある。

誰がやろうと、どこでやろうと、やらなくてはならない「仕事」の「やり方」がある。

教師の仕事は「一年間」を基本とした流れになっている。

医師は「患者が治るまでの期間」が仕事の流れになっている。

ラーメン屋は「客がラーメンを食べて出るまで」が仕事の流れになっている。

ラーメン屋は、わずか「二、三十分間」が勝負であるが、教師は「一年間」が勝負だ。
二、三十分間の仕事でも「修業」となると大変である。力の差は、はっきりと出る。
それが、「一年間の仕事」ともなれば、力の差は、もっともっと大きく現れる。

「一年間の教師の仕事」の「やり方」を身につけている教師と、行きあたりばったりで仕事をする教師とでは大きな違いが出てくる。

教師なら、始業式後の「黄金の三日間」は知っているだろう。

教師生活で最も大切な時期だ。

やるべき事も決まっている。

この三日間を「のほほん」と過ごすと、一年間を苦痛で過ごさねばならない。

「教室ツーウェイ」誌で、毎年「黄金の三日間」をとりあげているが、反響は絶大だ。

それほど大切で重要なことを、知らない教師もいるのである。

学級崩壊を起こす教師の大半は、「黄金の三日間」を知らなかった教師だ（本人たちの反省である）。

つまり、勉強をしなかった教師であり、とりもなおさず「仕事の文法」を学んでいない教師である。

せっかく手にした教師の仕事。

あこがれ夢みた子どもとの生活。

教師人生が、楽しく、ロマンに満ちたものにするためには、「仕事の文法」を身につけなければならない。

本書は、そのための絶好の入門書である。

一年間、三百六十五日の、仕事の中で、「大切なこと」「ぬかしてはならないこと」をわかりやすくすぐ役立つように述べてある。

書かれていることは、何千、何万の教師が体験してきた知恵の結晶である。

本書によって、歩き始めの教師生活が、豊かになることを願う。

TOSS代表
向山洋一

1年生の担任になったら…　３６５日の教育設計　目次

1年2学期

1年3学期

1年1学期

全員で楽しくできる「活動ネタ」

そして、あせらず笑顔で

授業の原則10カ条を駆使！　ひらがなの学習システム

入学式までにやっておくこと

1年1学期

1 全員で楽しくできる「活動ネタ」

芹沢 晴信

1．入学式直後のホームルーム――保護者も子どもも大笑い！

「みなさん、おめでとう。今日からみんなは○○小学校の一年○組になりました。先生の名前は……」と言いながら、黒板にひらがなで私の名前を1文字ずつ大きく書いていきました。

（板書）　ぶのるはわざりせ

「なにあれ！　変な名前だ!!」

初めての教室に入って緊張気味の子どもたちの心が一気にほぐれます。しばらくすると、名前が反対であることを発見する子が出てきます。その子のつぶやきを素早くキャッチし、正しい名前を立って言ってもらいます。

「すごい！　君は天才一年生だ！　みんな拍手！　後ろのおうちの人もみんなで拍手！」

ほめられた子も保護者もニコニコです。教室の雰囲気はさらに明るくなります。

「男の子、元気よく先生の名前を言ってみよう。さん、はあい！」

男の子の元気な声が響きます。びっくりした顔つきで
「うわあ、元気がいいねえ。さすが一年生！」

と言って、大きな声でほめます。

「女の子、先生の名前を言ってみよう。さん、はーい！」

女の子のかわいい声が響きます。

「まあ、なんてきれいですてきな声だろう！　すごい一年生だ」

と言って、またまた大胆にほめます。

「今年の一年生は、すごすぎるなあ！　こんなすごい一年生初めてだ。それじゃあ全員で先生の名前を言ってみよう。さん、はあい!!」

ものすごい大きな声が響き渡ります。呆然とした顔つきで、

「君たちは、一年生じゃなくて六年生じゃないのか！」

と叫びました。子どもも親も大爆笑です。

次にクイズを出しました。クイズ作りの重要なポイントは、

> 先生の紹介を兼ねた選択問題をテンポよく行っていくこと
> 最初は簡単な問題から入り、だんだん難しくしていくこと

です。私は次のような問題を出しました。

第1問　先生は男でしょうか。女でしょうか。
第2問　先生の年は　①3歳　②30歳　③85歳
第3問　先生が小学校一年生のときのあだ名は　①はるちゃん　②はぶちゃん　③だんぼちゃん
第4問　先生の得意なスポーツは　①野球　②サッカー　③マラソン

第1、2問目のときには、性別や年齢に合わせて声色を変えて問題を出したので子どもたちが大笑いでした。第3問目のときには、答えと一緒に、あだ名がついたエピソードを加えて説明してあげました。第4問目のときには、正解を伝えながら、バットを持った高校時代の私の大きな写真を見せました。そのりりしい？姿に子どもからも保護者からも歓声がわきました……。

入学式直後のホームルームは、

全員をほめること
笑いがあること

が重要なポイントです。

2．子どもが集中して覚えるひらがなの空書き——楽しんでひらがなを覚えるために

子どもがあっという間にひらがなを覚えた授業です。

「先生が黒板に書くひらがなを一緒に空書き（そらがき：人差し指を自分の目の前に出して書くこと）をしよう。だんだんと遠くへ消えていってしまうから、消える前に覚えてしまうのですよ」

子どもたちは、不思議そうな顔をしていました。そして、「あ」の字を黒板にいくつも書いてきました。教師が書くスピードに合わせて、子どもも空書きします。子どもたちは、

「遠くへ行っちゃう」

なんて言ってます。

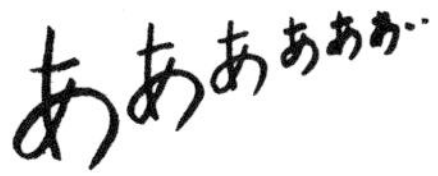

「もうすぐ遠くへ行って消えてしまうから早く覚えて！」

なんて教師が言いながら行います。子どももニコニコしながら必死に覚えようとします。消える頃には、子どもたちはすっかり覚えていました。これは、ひらがなだけでなく、カタカナや漢字にも使える方法です。

3. ひらがなを使って絵をかこう――ひらがなの勉強が終わったら……

ひらがなの勉強を一通り終えたときです。私はおもむろに、「へのへのもへじ」と「へめへめくこひ」の絵を黒

板にかきました。

ひらがなによって、このような絵がかけることに気づいた子どもたちは大喜びです。

「へのへのもへじ君と、へめへめくこひちゃんが結婚しました。さてどんな子どもが生まれるでしょうか」

すると、一人の子が、「へしへしもへじ」をかいてきたので、黒板にかいてもらいました。そのおもしろさが、子どもたちの製作意欲に火をつけました。

私は子どもたちが作品を持ってくるごとに、子どもの発想力の豊かさに驚き、考えたものを黒板にもかかせました。一つ作品が増えるごとに子どもたちから歓声が上がりました。

4．ゴミを11個ひろいましょう――算数の勉強になるし教室もきれいになります

一年生では、「10までの数」の学習を一学期始めに行います。その日に習った数の分だけ帰りの会などでゴミ拾

いをすると、算数の勉強の復習にもなるし教室もきれいになります。

さて、10までの数をすべて学習したあと、次のように投げかけてみました。

「今日は、ゴミを10個じゃなくて、11個拾える？　みんなできないだろうなあ……」

すると、

「11、知ってる！　10より1つ多くゴミを拾えばいいんだよね。簡単、簡単！」

の大合唱になりました。11を知らない子も、まわりの雰囲気のなかで、楽しそうに11個拾うことができました。

5．参観日に全員が活躍できる10までのたし算――保護者も大満足

最初の参観日は大変重要です。全員の子に活躍の場があるように仕組まなければなりません。私は、机を後ろに下げさせて子どもたちを座らせました。

「先生が黒板に書いた問題の答えと同じ数だけお友達と手をつないで素早く座ろうね」

（板書）　1＋1

子どもたちはさっと近くの友達と手をつないで座ります。手をつないでいない子どもは立っているので、すぐに友達を見つけてつなぐことができました。

０＋２

子どもたちは、一瞬いっせいに手を離しましたが、

「なあんだ、さっきと同じ答えだよ」

と言うつぶやきが聞こえ、すぐにまた手をつなぎ直しました。

「先生、だましたなあ！」

なんて言っています。

１＋３

歓声とともに、手をつなぎます。30秒ぐらいでつなげました。

４＋４

これはすぐにはつなぐことができませんでした。でもここで教師は待ちます。子どもの様子を楽しみます。

「誰か来て！」「おおい！」「こっちが足りないよ」「〇〇ちゃんがここに来れば８人そろうよ！」

子どもたちの様子に保護者も笑っています。２分ほどして、８人グループが４つできました。（私のクラスは32

人でした。人数が足りないときには、保護者の方に協力してもらうといいと思います）

6．一年生にもできる五色百人一首実践のポイント

百人一首は、一年生でもできます。東京教育技術研究所（http://www.toss.gr.jp/sub1.htm）から販売されている「五色百人一首」という教材を使えば5分程度の時間で一年生でも百人一首を楽しめます。字札には、「五色百人一首指導の手引き」が一緒についており、このとおりに指導すれば、一年生でも驚くほど百人一首が強くなります。一年生で五色百人一首を楽しむポイントは次のとおりです。

・「五色百人一首指導の手引き」どおりに行うこと

自己流で行うとめちゃくちゃになります。必ず手引きどおりに行うことが大事です。

・同じ色をしばらく続けること

一学期間同じ色で続けると、多くの子が上の句を読んだだけで下の句が取れるようになり百人一首の本当のおもしろさを味わうことができます。

・最後の一枚を読む前に、札を読むリズムで子どもに声をかける（大爆笑間違いなし）

【例】「はるのぶくん　いつもげんきですごいです　きょうもいちにち　がんばろう」

「まちこちゃん　きょうもえがおがすてきです　きゅうしょくもりもり　たべようね」

7．みんなで楽しく平均台を運びましょう――ちょっとした言葉がけで片づけも楽しく

体育の授業で平均台を扱いました。最後に平均台を片づける場面のことでした。平均台を運んでいるときに、私

はこのように掛け声をしました。

「わっしょい！　わっしょい！」

すると、子どもたちも、おもしろそうな顔をして、私に続いて
「わっしょい！　わっしょい！……」

と叫び始めました。さらに私は、お祭りのように笛を掛け声に合わせて吹きました。

（先生）ピッピ！（子ども）わっしょい！（先生）ピッピ！（子ども）わっしょい！（先生）ピッピ！（子ども）わっしょい！（先生）ピッピ！（子ども）わっしょい！……

このように、ちょっとした工夫で片づけも楽しくできるようになります。

8．すごい！　上手だね、丁寧な字になる書き方の指導

書き方の授業で子どもたちにワークを配ります。お手本が薄く書かれてあるワークです。それをきちんとなぞるようにするために、次のように黒板に書きました。

（板書）　○ふつう　◎じょうず　◎◎すごくじょうず　☆おどろくほどじょうず

「1ページ書けたら先生に見せてね。先生は、みんなが書いた字の1文字ずつに、赤鉛筆でサインをするからね」

どの子もお手本の薄い線を驚くほど丁寧になぞっていました。サインをつけるときのポイントは、次の2点です。

どの子にも、少なくとも一つは、◎◎をつけてあげること
2ページ目の評価は1ページ目の評価よりも上げてあげること

9．プールのあとはファッションショー――きちんと体をタオルでふいたかチェックする

プールから上がって、シャワー、目洗いが終わります。最後に、子どもたちが体をきちんとふいたかどうかをチェックする必要があります。毎回、

「はい、前向いて、後ろ向いて、はい合格！」

と一人ひとりに言うのも結構大変です。そこで、子どもを全員集めて次のように伝えました。

「体をきちんとふいたかどうか先生に見せるときには、（教師が気取って歩きながら、かっこつけて、クルッとゆっくり一回転して）ファッションショーのように先生に見せてね」

これで、きちんとふいたかどうか見ることができます。

子どももいろんなポーズを考えて先生に見せるので、とってもおもしろかったです。

1年1学期

2 そして、あせらず笑顔で

佐藤美果子

1. 一年生担任は、静かにさせるパーツを何種類ももつ！

入学したての一年生。こんなことも、あんなことも、わからないのが当たり前。集中時間が5分から7分。細かいパーツで組み立てよう。

(1) 約束事パーツその1

「おへそを先生のほうに向けなさい」背筋を伸ばし、聞く姿勢をとらせる。

(2) 約束事パーツその2

「姿勢1」は、手をひざの上。「姿勢2」は、手を机の上で組む。

気をつけ、休めの号令と同じ約束事にする。

体育の時間は、「氷人間」。リズムがやんだら、ＢＧＭがやんだら、ぴたっと氷になる。いずれもゲーム感覚で。

(3) 約束事パーツその3

「頭肩ひざちょん、ひざちょん、手はおひざ」。頭、肩、ひざと両手を移動させながら、最後は手をひざに置き、聞く姿勢をとらせる約束である。あるいは、手遊び。

♪これくらいのお弁当ばこに　♪げんこつやまのたぬきさん　♪鬼のパンツは、いいパンツ　♪とんとんとんとんひげじいさん♪

幼稚園児に返ったつもりで一緒に踊る。

手遊び、指遊びをしたあとは、手はおひざ。手をパンパンパンパンたたいて手はおひざの約束である。

2．集中する時間が短い。目線を集めるモノを用意する

⑴　集中小道具その1　巨大人形

大きいものは、目線を集める。そのなかでも、人形はおすすめである。頭のずっと上のほうではわかったけれど、実際できない一年生の行動を、客観的にとらえさせるにはもってこい。人形に演技させる。

さて、この教室に○名の一年生のほかに、もう一人一年生がいるんですよ。紹介しますね。

ミッキー！（と巨大人形を出す。一年生は、騒然、大喜びである）

ミッキー？

あれ、お返事が聞こえないなあ。みんなで大きな声で呼んで見ましょうか？

さん、はい、ミッキー！（児童とともに、叫ぶ）

（声色をかわいく変えて人形の口を動かしながら）はい！　みんな、僕ミッキー。みんなと同じ小学校の一年生だよ。

（自分の声色で）うーん、ミッキー、入学おめでとう！

（人形をもじもじ動かす）（そして、自分の声色で）あら、ミッキーどうしたの？

きゅうにもじもじして？　おなかがいたいの？　お水が飲みたいの？　それとも、トイレにいきたいの？

みんな、どう思う？

児童が口々に、おなかへったのかなあ、はずかしいんじゃないの？　とか　おしっこ？　うんち？　とか騒ぎ始める。

（担任は、すかさず、頭、肩、ひざ、頭、肩、ひざと左手でゆっくりと、触る。静かになり、児童が真似し始めるまで、ゆっくりと繰り返す）

（担任は、静かにいう）

みなさん、ミッキーの言いたいことわかるかな？

おくちで話さないとわからないね。先生にできることはありませんか？

ねえ、ミッキー、おくちでお話ししてごらんなさい。

みんなもミッキーに言ってくださいね。

（かわいいミッキーの声で小さく）

はい、おくちでお話しすると良いのね。あのね、僕、みんなとお友達になりたいの。

（担任の声で）

ミッキー、おくちでお話しできてよかったね。みんな、ミッキーがみんなとお友達になりたいんですって。

みんなはどうおくちで話す？

（いいよ、とか一緒にあそぼうとか口々に言うはずである）

わあ、やさしい一年生ですね。

みなさんも、一緒にあそぼうっておくちでお話できますか？

こまったことがあったら、おくちでお話してね。ミッキーもですよ。


巨大人形に演技させることで、言葉にしてコミュニケーションをとることを教えたい。

(2)　**集中小道具その2　色塗りプリント**

運筆練習でもなんでも、終わったあとは、絵に丁寧に色を塗らせる。いろいろな絵柄のカットを用意しておく。

「うつしまるくん」の絵などは、しんとして取り組むこと、うけあいである。

(3)　**集中小道具その3　小さい声**

いつも大きな声で、どなるように話していれば、集中しない。

ときには、声を出さず、口ぱく・ささやき声で、静かに話す。

一年生の児童はマンネリが大嫌い。ときには、静かに小さい声でささやきかけると集中する。

(4)　**集中小道具その4　百玉そろばん・フラッシュカード**

声に出し、わからない児童にも参加させる。リズムで唱えることで、身についていく。

「10は、3と?」「7は、4と?」などカードを短い時間で、見せ、答えを言わせていく。

ひらがなや漢字でもフラッシュカードを用いる。

フラッシュカードの見せ方も、石川裕美先生がおっしゃるようにいろいろなバリエーションでやらせる。

カードの一部を見せたり、ひらひらさせて見せたり、組み合わせてフラッシュさせたり、変化のある繰り返しであきさせずにやらせたい。

百玉そろばんでテンポよく唱えることで、ノリはばっちり。

百玉そろばんも、バリエーションがたくさんある。5とび、2とび、10とびのほかに「10は、1と9」「13は、10と3など」大きな声で唱えさせよう。

⑸ **集中小道具その5　教師のボディランゲージ**

じらす、わざと間違える、演技する。

絵を見せるときなど、一部隠して提示する。

教師が幼稚園児のだだっこになったように、わざと間違いを主張する。「違う、違う！」の大合唱が起きる。

3．保護者への対応

⑴ **下校指導**

学校体制で、最初の下校指導は取り組む。1週間は、寄り道せずに帰ったか様子を聞く。

おうちのほうでは、何時に帰ってくるはず、と心配しながら待っている。ちょっと遅いと、寄り道して交通事故にあっているのでは、不審な車に連れ去られるのでは、と電話をかけてくる。

下校前におうちの方の心配を話し、寄り道をしないでまっすぐ帰ることを考えさせること。

⑵ **連絡帳**

4月の初めは、連絡帳が花盛り。ささいな質問でも延々書いてくるおうちがたくさんある。

(3)　朝の時間、休み時間を使って、とにかく返事を書く

保護者の質問には、迅速に対応すること。質問に答えるということは、不安を取り除くということである。今後の学級経営に関わってくる。次の5点に気をつけたい。

（『一年生の保護者を安心させる資料はこれだ！』東京西部教育技術研究会著）

① とにかく迅速に答える。安易に答えられないときには、「○日頃までにはお答えします」というように返答する。

② 保護者の根底にある心配は何か、はっきりさせること。

③ なぜそのようにするのか根拠をはっきりと述べること。

④ 具体的な方法を示して答えること。

⑤ 「わからないことがあったら、いつでも聞いてください」という姿勢を。

また、連絡帳は、文字で残るものである。文章表現には、十分気をつけたい。断定的な言い方や命令口調、こんなこともわからないのかといった文章表現にならないよう気を配ること。

連絡帳だけでは、伝えきれない部分があるときは、直接お話しする機会をとらえ、保護者と連絡をとりあう。

(4)　学級通信

入学したての頃は、保健関係のお便りもたくさん配布される。毎日書く学級通信に今日の通信以外の配布物は、○と○です、提出日は、と集約する形で活用したい。

学級通信は、児童の様子を名前入りで紹介したい。

4. 配布物の渡し方

保健関係の記名してある配布物は、面倒でも、いちいち名前を呼んで確認してから配布したい。

自分の名前の漢字であってもまだ読めない児童がいる。

間違って配布してしまってもまるで気がつかないのである。

記名していない配布物は「どうぞ、ありがとう」(『一年担任の責任と実力』有田和正著)の方法で配布する。

5. けんかの対応

学校生活に慣れるにつれ、けんかがあちこちで起こる。

けんかの時間帯は、朝、休み時間、下校の準備時間が多い。

けんかの仲裁は、訴えがあったときだけ行う。

泣いている子がいても、泣きやむまで待っている。泣きやんだら、

「泣いていたことは、もういいの?」「聞いてほしいことはある?」

と尋ねる。

言葉に表したことは、大切なことである。こうしてほしいという要求があったら、聞く。(要求を聞くか聞かないかは、別として)

「どうしてほしい?」

と聞くと、もう、いいよ、とか、あやまってほしいという今後の行動が出る。

そう問うことによって、いつまでもけんかにこだわっていないで、これからどうするかという行動を自分で考えることができるからである。

6．「どうしたらいいですか？」

「先生、教科書忘れてきました」とA君。そこで、すぐ、教科書を貸してはいけない。

「どうしたらいいですか？」

「先生に貸してくださいとたのむか、お隣の友達に見せてくださいってたのむかどちらかですね。どうしたらいいかな？」

必ず考えさせ、行動を自分で決めさせること。選択させる形にすると、自己責任が伴う。

トイレに行ってもいいですか？　鉛筆削っていいですか？　などの質問にも「どうしたらいいですか？」と返してやることで考える力を育てていくことができる。

Aくんは、自閉傾向があると判断されていた。

入学当初は、自分の世界に閉じこもると、一切他のことを受けつけない。

「3時間目は、ねんどでお庭を作りますよ」「チャイムが鳴ったらどうしたらいいかな？」

考えさせて出してやっても、帰ってこない。自分の好きな砂遊びで延々遊び続ける。チャイムで帰ってきたときは、おおげさにほめて連絡帳で「おうちでもほめてあげてくださいね」と家庭に連絡した。

お友達に、つばをかけたり、ひっかいたりしたときは、「どうしたのかな？」と静かに聞く。わけを聞いて、答えが返ってこなくても無理に答えさせようとはしなかった。

おうちには、暴力があったときには、短く連絡帳に書いた。「Aくんなりのわけがあったと思います」

授業時間も自分の好きな勉強でないと、教室をとびだしていった。

学校体制で担任外の先生と連絡をとり、Aくんに寄り添っていただいた。

無理じいはやめようと、他の先生方とも協議していたからである。

3日に1回は、約束事が守れるようになってきた。

が、運動会練習の休み時間なし、の生活にたえられず、また、引きこもりが始まる。

Aくんが落ち着いたのは、運動会後、おうちの方とゆっくりお話ができたあとであった。

連絡帳で知らせていた範囲では、Aくんの具体的な行動をイメージすることがご両親とも難しかったのかもしれない。

運動会で、みんなと一緒に行動できないAくんを目の当たりにしてご両親が学校に相談に来てくださった。

時間で生活する学校の約束事にがんばって取り組もうとしていること、約束が守れたときにはほめていることなどを話した。

大切なことは、お互いが信頼し、隠さずコミュニケーションをとること。

連絡帳だけでは伝えきれない部分は、直接お会いして話す、という原則を思い知らされた。

そのあと、Aくんは少しずつ自分の好きなことだけでなく、取り組めるようになってきた。わけや、どうしてかなども少しずつ話せるようになった。

あせらず、笑顔で、繰り返し。

Aくんには、あせらず笑顔で、ということをほんとうに教えてもらった。

1年1学期

3 授業の原則10カ条を駆使！ ひらがなの学習のシステム

神田　朋恵

授業の原則10カ条とは、次のものである。

第一条　趣意説明の原則　　指示の意味を説明せよ。
第二条　一時一事の原則　　一時に一事を指示せよ。
第三条　簡明の原則　　指示・発問は短く限定して述べよ。
第四条　全員の原則　　指示は全員にせよ。
第五条　所時物の原則　　子どもを活動させるためには、場所と時間と物を与えよ。
第六条　細分化の原則　　指導内容を細分化せよ。
第七条　空白禁止の原則　　たとえ一人の子どもでも空白な時間を作るな。
第八条　確認の原則　　指導の途中で何度か達成率を確認せよ。
第九条　個別評定の原則　　誰が良くて誰が悪いのかを評定せよ。
第十条　激励の原則　　常にはげまし続けよ。

『授業の腕をあげる法則』（向山洋一著、明治図書）より

すべての授業の基本である。

この原則10カ条を駆使したひらがな学習のシステムを述べる。

ひらがなを書ける子も、飽きずに楽しく取り組む。

以下1～9は、10文字くらいを学習して慣れてきた頃からを想定している。初めの10文字くらいは、3～7を丁寧に、しかしテンポよく行っていく。

〝あ〟を例にとる。

1．画数クイズで〝あ〟と出合わせる

用意するもの
マス目黒板（1マスが四つの部屋に分かれているもの）
色チョーク（赤、青、緑、黄色）

10文字も書いてくると、子どもたちは次に何の文字を習うのか、とても楽しみに待つようになる。自分の名前に使われている文字を、早く学校で習いたいのである。

その気持ちをじらすように、また子どもたちの集中を高めるように、私はよくクイズを出す。

「今日の字は、いち、にい、さあーんだよ」

子どもたちは、まだ習っていない3画のひらがなを口々に叫ぶ。あ、お、か、は、になどである。

私はにこにこしながら、でも一言も相づちを打たないで、静かにチョークを持つ。そして、おもむろに赤のチョークでマス目黒板に1画めを書く。

ここで、か、は、になど、まるっきり違う予想はなくなる。〝あ〟や〝お〟という子どもたちの予想の声が、先ほどより大きく背中に響く。

私はまたにこにこしながら、2画めを青のチョークで力強く書く。すると「〝あ〟だー！」と、子どもたちの先ほどより大きな声が聞こえてくる。その声を背に、緑のチョークで3画めを書ききる。

〝あ〟が目の前に登場する。

予想の当たった子たちは、大喜びである。当たらない子も、楽しいらしい。一気に集中力が高まる。導入としては十分である。

時間にして1分ほどのことである。

ちなみに黄色のチョークは、4画めに使う。

2．〝あ〟が名前につく人を確認して、書く意欲を高める

予想が当たって興奮冷めやらぬなか、「名前に〝あ〟のつく人は、立ちましょう」と言って数人の子を立たせる。「○○くんの〝あ〟」「△△さんの〝あ〟」と、教師のあとに続いて全員に言わせる。

全員の名前が書かれている模造紙などがあると、とてもいい。勤務校では、毎年、入学式当日に張り出してあった模造紙大のクラス名簿を、ひらがな指導で使用している。

指で指し、言いながら、どんどん〝あ〟に丸をつけて目立たせていく。

3．空書き→指書き→なぞり書き→写し書きのステップで〝あ〟を覚えさせる

→第六条　細分化の原則

いよいよ、〝あ〟を覚えさせる。

空書きとは、字の通り、目の前のそら（空中）に、そら（暗記）で文字を書かせること、指書きとは、手本として書いてある黒い字を人差し指でなぞらせること、なぞり書きとは、薄く書いてある手本の文字を鉛筆でなぞって書くこと、写し書きとは、手本を見ながら、自分で文字を書くことである。

赤ねこ漢字スキルの普及で、指書き→なぞり書き→写し書きのステップを踏むことが常識になりつつある。しかし、この時期の一年生にいきなり各自で指書きをさせても、でたらめの書き順の子を出しかねない。発達段階として、まだスキルやワークを一人で見ることがおぼつかない。

また、時間差が多く生じる。入学前の学習経験が、一人ひとり違いすぎる。

この時期の一年生は特別である。取りこぼしをしてはならない。だから、指書きの前に空書きを徹底させる。

赤ねこ漢字スキルがあれば申し分ないが、どの学校でもワークやプリントを使用していることと思うので、それを想定して説明する。

空書き

最初は「黒板に書いてある先生の〝あ〟をなぞりましょう」と言って、ゆっくり丁寧に空書きさせる。教師はマス目黒板に一緒に書いてもよい。

必ず人差し指で書かせる。子どもたちにとっては運筆の感覚に似ている。教師からすれば、誰がきちんと書けて

いて、誰が書けていないか一目でわかる。五本指を立てさせて書かせてみるとよい。容易に比較できる。

必ず全員に声をそろえて筆順を唱えさせながら行う。目と手と口と耳で覚えさせるのである。これは、最初に説明しておく。効率的に覚えられる。

→第一条　趣意説明の原則

次に、変化のある繰り返しで、何度も書かせる。

これが、もともと書ける子には飽きずに、まだ書けない子には何度も練習できるポイントである。

起立。大きく書きましょう。さん、はい。回れ、右。後ろの黒板に書きましょう。さん、はい。窓ガラスに書きましょう。さん、はい。という調子である。

お友達の背中に、自分の手のひらに、目をつぶって、椅子の上にのって、ぞうの鼻で、おしりで、超スピードで、などと様々にバリエーションをつけると、とても喜ぶ。先生のおなかに書きましょうと言って書かせ、「くすぐったい。きゃははは」などと体をくねらせようものなら、大笑いになる。子どもたちは楽しく、いつの間にか何度も書かせられていて、もうすっかり覚えてしまっている。確認する

→第八条　確認の原則

こうして何度も空書きをさせたあとに、初めてワークで指書きをさせる。

指書き

指書きとは本来、手本を見ながら人差し指で書くことである。指で書くのだから、机の上、ノートの上、空中になど、どこにでも書ける。

しかし、この時期の一年生に各自に指書きをさせると、でたらめに指を動かす子を出してしまう。できない子ほ

どそうなる。なので一斉に、かつ、ワークの手本上に行う。
→第二条　一時一事の原則

「指書きをします。お手本からはみ出してはいけません。用意、スタート」
→第三条　簡明の原則

空書きである程度すらすら書けるようになっているので、ここではきちんと字形を整えさせる。2、3回させる。

筆順を唱えている子をほめる。
→第八条　確認の原則

ちなみに「用意、スタート」の言い方であるが、「用意」は少し厳しく緊張感を生み出すような感じで、「スタート」は反対に優しく言ってあげる。子どもたちはほどよい緊張感のなか、落ち着いて書ける状態になる。

なぞり書き

いよいよ鉛筆を持たせる。

時間差といい加減さをなくすために、やはり一斉になぞらせる。もちろん、筆順を唱えさせる。声をそろえて一斉に書くと、心地よい。遅れてしまう子や筆順を間違えている子もチェックできる。

このとき、こまめに確認を入れるとよい。「はみ出していない人？」これだけで、真剣さが違う。
→第八条　確認の原則

写し書き

お手本を見ながら、自分の文字を書かせる。最初の二つくらいは、書き始めの位置を確認して行わせる。

「初めの位置に鉛筆の芯を置きます。どのお部屋ですか？」

子どもたちは、口々にマスの中の部屋番号を言うだろう。よく見ていることをほめて、丁寧に書かせる。

ここでは、１文字を書かせるだけでも、速い子と遅い子の時間差がわずかに生じるので、２文字くらいおきに、その時間差を使って、自己評価させる。「スペシャル花○（マル）？　花○？　○？　△？」や「さっきよりも上手に書けた人？」である。隣の友達と相互評価させるのもよい。

→第七条　空白禁止の原則　第八条　確認の原則

この評価があるので、子どもたちは、１文字書き終えるたびに歓声を上げている。

4．〝あ〟のつく言葉を読み、なぞらせる

私の使ったワークでは、写し書きのあとに〝あ〟のつく言葉をなぞらせる場所があった。なので、次のように指示を出して、例に挙がっている〝あ〟のつく言葉を手拍子付きで読ませた。

→第三条　簡明の原則

「鉛筆を置きましょう。お手を拝借。あひる。（同時にパンパンパンと手拍子を打つ）」「あひる。（パンパンパン）」「あさがお。（パンパンパンパン）」「あさがお。（パンパンパンパン）」

手拍子を打たせるのは、文字数、つまり音の数を意識させるためである。このあと、拗音・促音の指導で関連してくるので、布石を打っておく。

読んだあとに、ここまでなぞって持っていらっしゃいと指示を出し、子どもたちにわざと時間差をつける。○をつける私のところに、長い列をつくらせないためである。

→第二条　一時一事の原則　第四条　全員の原則

ワークによっては、なぞらせる部分がないかもしれない。その場合には、〝あ〟のつく言葉を空書きの前に読ませておいて、あとは前述したように指導し、写し書きを個別にさせて持ってこさせるのも、一つの方法であろう。語彙を増やすために、〝あ〟のつく言葉を読ませることは大切だ。工夫されたい。

5．教師に見せる①

個別評定をする。「花○」「綺麗」「上手」などと言いながら、花○をつけていく。

↓第九条　個別評定の原則　第十条　激励の原則

このとき、間違えた文字を書いている子をチェックする。赤鉛筆で書いてやり、なぞらせる。ひどい文字を書いている子がいたら、書き直しをさせる。

長い列をつくらせないために、2列で持ってこさせる。プリントは教師がすぐ○をつけられるように、向きを反対にして持ってこさせる。教師は○つけマシンのごとく、○をつける。長い列をつくらせてしまうと、騒がしくなる。手際よく行う。

このとき、終わった子たちが次にすることを指示しておく。私の場合は、ワークの裏をするようになっている。そうすると、混乱は生じない。

↓第七条　空白禁止の原則

6．〝あ〟の練習をする

私の使用したワーク（裏）では、約20文字を練習するようになっていた。もし、このスペースがなくても、ノートやプリントに書かせるなどして、練習させる。確実な定着を図るためである。

このとき必ず、筆順を唱えさせる。唱えている子をほめる。

↓第八条　確認の原則

できたらまた持ってこさせる。

↓第二条　一時一事の原則　第四条　全員の原則

20文字くらいの練習量があるので、集中の途切れる子が出てくる。そのため、練習が終わってからすることを指示しておく。私の場合、黒板にその文字を使った言葉を書く、という課題である。

子どもたちは黒板に書きたくてしょうがない。やる気を出して、20文字もがんばり、はりきって持ってくる。持ってこさせるまでの間に、私は黒板を縦に8～10等分し、上に番号をふっておく。

↓第九条　個別評定の原則　第十条　激励の原則

7. 教師に見せる②

2回目の個別評定をする。速い子8～10人に番号をつける。

良い文字一つか二つに○をつけ、その他に大きく花○を書いてあげると喜ぶ。丁寧に書くようになる。

↓第七条　空白禁止の原則

8. 速い子の時間調整

番号を言われた子たちは、その番号のところに〝あ〟のつく言葉を板書する。言われていない子たちは、ワークの挿し絵にクーピーで色をぬる。板書が終わった子たちも同様にさせる。

↓第五条　所時物の原則

9. 全員で確認する

2度目の個別評定が残り数人になったところで、クーピーをしまわせる。しまっている間に、たいてい残り数人は持ってくる。

次に板書した子を立たせ、黒板を読ませていく。みんなの前で読むと、自信がつく。板書できなかった子にとっても語彙を増やす機会になる。

「あじさいです。どうですか」「いいです」「あめりかです。どうですか」「いいです」同様に繰り返す。

私は黒板に大きく○をつけていく。

ひらがなの学習期間であるが、他の学習との関連や連絡帳を書き始めることを考えると、5月下旬までには終わらせたい。

そこで、初めこそ1日1文字・20～25分ほどかかってしまうが、しだいに1日2文字・20分で指導できるようにしていく。

5時間のある日で、国語が2時間あれば、1日3文字可能だろう。それ以上は、子どもたちにはきついようだ。何より飽きる。

これは、今後の漢字指導につながるシステムであるので、丁寧に指導されたい。

最後に、ひらがな指導の順番であるが、

・やさしい字から教えていく。

・教科書に出てくる順に教えていく。

・五十音順に教えていく。

という方法が考えられる。学年で相談し、足並みをそろえる必要があるだろう。

参考までに、やさしい字から指導する場合の文字の順番を載せた。参考にしてほしい。

しつくへていこうりともろるそひのんえにけたさきちらめぬあおやかまよはほわれねせみすむなゆふを

1年1学期

4 入学式までにやっておくこと

三澤　雅子

1．一年担任が決まったらまずすること

年度始めの担任発表で一年担任と決まった。すぐに入学式だ。担任が決まってからいかに早く仕事をこなしていくか。これが、いちばん重要である。なぜなら、入学式までにやるべきことは山積みだし、学校全体の協力も仰ぐことになるからだ。すばやく動く。そのためには、何をすべきかすべて洗い出す作業から始めたい。

一年担任が決まったら、まずどんなことをするか。入学式までの流れにそって述べていく。

第一に行うことは、

児童の名簿を作ること

だ。名簿ができないと、他の仕事も動きだすことができない。だから一年担任が決まったら、すぐに名簿作りにとりかかる。

名簿は、前年度に大方できているはずだ。就学時健康診断がある学校なら、そのときに作られたものがあるかも

しれない。前年度の担当者に確認するとよい。

しかし、就学時健康診断以降に、引っ越しなどで急に入学する学校が変更になる場合もある。別の学校へ行くことになった子や、新たに名簿に加える子がいないかも確認する。これは、教育委員会から連絡が来ているはずだ。

クラス分けができていない場合は、幼稚園、保育園などから得られた情報（私の勤務校では、前年度に幼稚園、保育園を訪問して、情報をまとめている。その係に確認する。前任校は、担任が決まってから幼稚園、保育園の先生にお会いした。その他、幼稚園からは、指導要録の写しが届いているはずである）をもとにして、クラス分けを行う。

すでに、前年度にクラス分けができている場合は、すぐに名簿作りを始める。

まずは、自分が担任するクラスの人数と男女数を確認する。他のクラスの先生と、全体の人数や男女数を確認するのも忘れない。

次は、一人ひとりの名前の読み方の確認である。これは、役所から来る、住民基本台帳の写しで確認するのが、最も確実である。名前の読み方の確認は、念には念を入れて行うべきだ。なぜなら、子どもや親にとって、名前を間違えられるほど、悲しいことはないからである。ときには、親からの信頼を失ってしまうことさえあるのだ。ましてや、新しく入学してくるのだから、他の先生も名前を知らないのである。しおりや教室のラベルを見ても、誰も間違いに気づけない。だからこそ、担任がきちんと名前を正しく確認しておかなければいけないのである。

また、名簿はたいていあいうえお順に配列されるが、この配列も間違うことがある。入学式を過ぎてしまったらもう、修正はきかない。配列は、国語辞典と同じである。特に濁点に気をつける。

読み方と配列ができたら、他の人にも見てもらう。２クラス以上あれば、互いに名簿を交換して確認するとよいだろう。

さらに、確実にするために、名簿も漢字のものとひらがなのものと2種類作る。ひらがなのものは、あとで子どもたちも使えるし、入学当初は、何かと使える（入学式に出席番号順に並ぶときにも、係にひらがなの名簿を渡しておくとよい）。次に、児童印を名簿順に並べれば、確実である。

自分が学年主任なら、人数の確認が終わり、学年の先生が名簿作りにとりかかったら、学校全体の仕事の確認をする。入学式についての計画の確認、入学のしおりの作成の計画、入学式の準備などだ。前年度の学年の経営ファイル、行事ファイルや、教頭か教務に確認すれば、大方のことはつかめるはずである。さらに、細かいことではっきりしないことを、前年度の一年担任の先生に確認する。

そのなかで、一年担任がすることは何か、教頭か教務と打ち合わせをする。

また、昨年度の入学のしおりに目を通す。ここに入学式に関するたくさんの情報がある。また、これから何を作成すべきかも見えてくる。前年度のフロッピーも探しておく。そうすれば、少しの変更ですむし、文書を作る手間が省ける。入学のしおりには、給食や保健の資料を付けることがある。給食や保健の係にも確認しておく。

この確認の作業のなかで、忘れてはいけないことがある。それは、記念写真の手配の確認だ。前年度にされている場合もあるし、されていない場合もある。撮影をいつにするか（当日か、後日か。当日なら何時頃か）によって入学式当日の日程も動きも違ってしまう。

確認がすんだら、教室の飾り付けや、入学式まで、あるいは当日の仕事をお願いできるか、担当者や各学年の主任に相談する。他学年も自分たちの仕事があるなかで、協力をいただくわけであるから、早いうちに打診し、計画書を作成し、起案し、いちばん早い職員会議で提案すべきである。

とにかく、担任が発表された日、心にとめておくことは、

学校全体に関わることを優先する

ことである。

次に行うことは、教室の確認である。椅子、机の数、高さ、壊れているところはないかなどを確認するとともにどんな備品があるかもチェックする。買わなくてはいけないと思うものは、リストアップしておく。

同じ学年の先生にもチェックしてもらい、何を買うかを決める。特に、入学式準備に必要な消耗品は、すぐ注文する。入学式の準備を他学年の先生にもお願いするなら、そろっていないと仕事ができないし、自分たちですべて準備するとしても、手元に届いていれば、すきま時間に仕事がしやすい。

すぐに、注文するとよい消耗品についてだが、以下のようなものがあると便利である。

・ラベルシール（ロッカー、靴箱。学校によってはその他の場所にも。ひらがなで名前が大きい）
・机用ラベル（学校によって異なるので確認を。幅5㎝の白のビニールテープや、5×10㎝程度のラベルの上に透明なビニールテープを貼るなど）
・マジック、色画用紙、色模造紙、セロテープ、紙テープ（5色程度）、お花の紙など

次ページの「一年生担任が決まったらすぐやることチェック」を参考にしていただきたい。

一年生担任が決まったらすぐにやることチェック

□	クラスの確認	自分が担任するクラスの人数、男女数を確認します。
□	児童の名前の確認	児童の名前、読み方、名簿の順番の確認。
□	児童名簿作成	漢字のものと、ひらがなのものと２通り作ると便利。
□	児童印を名簿順に並べる	とにかく名前や順番の間違いは避けたいです。
□	入学のしおり作成計画	給食、保健など係の先生に作成を打診したり、前年度のフロッピーを確認したりします。入学式の計画についても確認します。ついでに記念写真の手配の確認も。
□	入学式までの仕事を各学年にお願いする	教室の飾り付けや、入学式当日の仕事をお願いできるか各学年に相談します。他学年も自分たちの仕事があるので、早いうちに打診し、計画書を作成します。そして、いちばん早い職員会議でお願いします。
□	教室の確認	椅子、机の数や大きさ、備品の確認。
□	消耗品の注文	まず、必要なのは、ラベルシール（ロッカー、靴箱、学校によってはその他も。ひらがなで名前が書ける大きさのものを）。机用ラベル（学校によって異なる。幅５cmの白のビニールテープや５×10cm程度のラベルの上に透明なビニールテープを貼るなど）。マジック、色画用紙、色模造紙、セロテープ、紙テープ（５色程度）とお花の紙（教室の飾り）。あとは、必要によって。

2. 春休み中にやっておく仕事

一年担任の春休みは忙しい。しかし、

効率よく、でも丁寧に仕事をする

ことを忘れない。始業式より入学式のほうが遅い場合、新学期が始まってからも2日ほど猶予があるが、大方の仕事は、春休み中に終えておく。

春休み中にやることは、仕事の流れによって前後する。とにかくやることが多いので、チェック表（次ページ掲載）を参考に、できるものから消していくのが、いちばん効率がよいだろう。また、チェック表をもとに、学年で仕事を分担するのもよい。

時間はあっという間である。学年の他の先生の仕事、学年以外の先生の仕事もさりげなく進み具合を確認しておく。事務的なことは、できるだけ早く終えると、出会いのときにどんなことをするかなどを考える余裕も生まれる。だから、できるだけ「効率よく」である。

しかし、子どもたちにとって、一生一度の入学式である。心を込めて丁寧に準備することも忘れない。また、丁寧にするほうが、ミスも少なく、かえって効率的であったりする。

やっていただいた仕事には、にっこり笑顔で「ありがとうございます。本当に助かりました」とお礼を言うことも忘れてはいけない。

一年生担任・春休み中にやることチェック

□	「にゅうがくのしおり」作成	学校にもよりますが、式次第、児童名簿、１週間の学習予定、給食献立表、保健関係のお知らせ、下校班名簿、学年だよりなどを入れます。どの部分を一年担任が作成するのか、確認しておきます。
□	学習予定作成	１週間の予定を表にします。日、曜日、時間表、内容、準備をひらがなで書きます。下校時刻もまちまちな時期なので、忘れず入れます。Ｂ４左半分を表、右半分には保護者へのお願いやお知らせを書きます。「にゅうがくのしおり」にとじます。連絡帳が書けるまで、毎週発行しました。
□	下校班名簿作成	前年度に作成されていることが多いです。前年度に係だった先生に確認して作ります。「にゅうがくのしおり」にとじます。
□	学年だより作成	挨拶、担任紹介、行事予定、連絡やお願いなどを入れます。
□	「にゅうがくのしおり」印刷、とじ込み	前任校では、他学年にお願いしました。現任校では、一年担任と専科で行っています。児童数＋職員数＋来賓数＋αです。
□	教材選定	使用する教材を選定します（ＴＯＳＳにはすばらしい教材がたくさんあります）。
□	貼り出し名簿作成	入学式の日に、体育館や昇降口に貼り出すクラス分け名簿です。名前を間違えないよう、丁寧に作ります。ひらがなで作ります（入学式以前に「あなたは○組です」とクラスだけ手紙で知らせる学校もあります。持ち物に前もってクラスが書けるので、保護者にも好評です）。
□	入学前に購入したものの確認	入学説明会などのときに、保護者が購入したものを確認します。購入していないもので、必要と思うものは注文します。
□	ラベル作成	靴箱、ロッカーなどのネームラベルです。マジックでひらがなで丁寧に書きます。前任校では、他学年にお願いしました。
□	教室掲示物作成	日課表、時間割、誕生列車の枠、机やロッカーのものの入れ方、机の上の教科書やノートの置き方、鉛筆の持ち方を線で示すもの、給食当番表など。また、入学式当日に必要なものとしては、保護者用の当日の流れやお願いを書いたものなどがあります。
□	クラス表示作成	うさぎやきりんなどのマークでクラスを表示するものを作り、教室の入口で靴箱などに貼っておきます。「みんなはうさぎさんのクラスだよ」と教えておけば、トイレに行っても帰ってこられます。
□	教科書の確認	児童数あるか確認します。
□	出席簿などに児童名を押す	出席簿、健康観察簿、保健調査表、経営録など児童印を押すものは、まとめて押してしまいます。
□	連絡網の作成	名前、電話番号を確認します。学年委員さんから回すことが多いので、学年委員さんが決まっていない場合は後日作ります。
□	背の順名簿作成	身長を入力し、ソートで並べ替えます。結構背の順に並ぶことが多いので、常に携帯しておくと、自分の場所がわからない子にも教えられます。靴箱や座席を決めるときにも使えます。
□	一年生について研究する！	先輩の先生にお話を聞くこと、一年生に関する本をたくさん読んでおくこと。これは必ずやっておくべきです。心構えが変わります。おすすめの本は『一年の授業・一年の学級経営』（向山洋一著・明治図書）、『教え方のプロ・向山洋一全集４最初の３日間で学級を組織する』（明治図書）、『向山洋一年齢別実践記録集22巻初めての一年生担任』（東京教育技術研究所）、『教育技術の法則化シリーズ40、58、106巻』（明治図書）、『一年生の授業は一週間で決まる』（長田健著・明治図書）
□	保育園・幼稚園からの資料を読む	あくまでも、参考

3．入学式までの流れ

私の勤務校では、始業式の2日後が入学式である。始業式の日から、入学式前日までの流れをここでは述べる。しかし、学校によっては、入学式が始業式より前というところもあると聞いた。その場合は、春休みから続いて入学式前日までの流れと考えて、お読みいただきたい。

基本的には、始業式の日はほとんど使えない。だから、勝負は入学式前日のみである。ここで忘れてはいけないのは、

学校全体への気配りを忘れない

ことである。学校全職員の協力があってこその入学式である。前日となれば、いろいろお願いをすることもあるだろう。お願いすることは、

さわやかにわかりやすく

することを心がける。そして、お礼の言葉も不可欠である。もちろん、入学式当日の朝も、職員全員に協力へのお礼を、朝の打ち合わせで述べるべきであろう。

どうしても忙しいし、いろいろ不満な点も見えてしまうかもしれないが、自分一人で入学式の準備をしてきたわ

けではない。明るく、さわやかに、感謝の気持ちを忘れずに、入学式という1年間でもかなり大きな行事を、余裕で乗り越えられる一年担任でありたいものだ。

前日は、やること山積みである。この日に上級生の協力を得て準備することが多いからだ。子どもを動かしながら、ときには突発的な作業も入ることだろう。どなたかが気づいて、新たな仕事が入るかもしれない。

でも、落ち着いて。チェックリスト（次ページ参照）外のことも、きちんと書き足し、消していけばよい。チェックリストに入れておけば、一目であと何をやればよいかわかる。誰にお願いしたかも書いておけば、仕事の確認も早い。それに、次年度の参考にもなる。

教室と式場の確認をし、職員との最終打ち合わせが終わったら、ここでもお礼を言うのを忘れないようにする。

これで、いよいよ入学式を迎えるだけとなった。明日から、いよいよ子どもたちがやってくる。

「黄金の3日間」のプラン作りも必要だ。ＴＯＳＳランドに登録した私のホームページに「一年生の最初の3日間にやっておくこと」がある（ＴＯＳＳランド→http://www.tos-land.net　ＴＯＳＳランドNo. 232004）。

これは、自分が一年生を担任したときに、最初の3日間に何をしたかをまとめたページである。参考にしていただけると幸いである。

一年生担任・入学式までにやることチェック

□	前日の準備の打ち合わせ	主に六年担任と。式場、受付、教室、昇降口などの清掃、準備に何名必要か、割り振る。他学年に仕事を頼むなら、それも打ち合わせしておきます。
□	当日の係児童の打ち合わせ	児童係を六年生に依頼します。主に、式前後の誘導とトイレ案内が仕事です。式場の座席の列のいちばん左側の児童の前といちばん右側の児童の後ろに六年生が入り、そのまま入場すると、混乱なく着席できます。一年生が座ったら、児童係は自分の席に戻ります。退場になったら、また両脇に立って誘導します。前日、式場が出来上がったらリハーサルしておきます。ドアを開閉する係もお願いします。 （「一年生の黄金の３日間にやること」第１日目のページへ）
□	教室の清掃	床、黒板、机、椅子をきれいにします。
□	ラベル貼り	ロッカー、靴箱等にラベルを貼ります。靴箱は背の順がよいです。貼りながら名前を言っていくと、覚えられます。
□	机のラベル貼り	ビニールテープやラベルを貼り、油性マジックで、出席番号とひらがなの名前を書きます。正しい字形で。一年生は、これを見て自分の名前を書くのです。
□	掲示物貼り	入学式当日に必要なものを貼ります。ロッカーや机の整頓の仕方を貼っておくと、保護者がそれを見て、ものを入れてくれます。入学式当日の流れ（特に保護者の動きが書いてあるもの）やお願いすることも掲示します。
□	配布物確認と配布	教科書、帽子、印刷物、お祝いの品などの数を確認し、児童の机にのせます。数に余裕があるものは、それも教室に置くと、万が一なかったときに、にっこり笑顔で渡せます。
□	教室を飾る	紙テープ、お花、色画用紙で華やかに教室を飾ります。六年生に手伝ってもらうと張り切ってやってくれます。黒板にも入学式らしい絵を描いてもらいます。二年生からのお手紙や学校のおすすめの場所などを掲示するのも楽しいです。
□	式場確認	式場を確認します。児童の椅子の数は必ず確かめます。児童係との打ち合わせが終わったら、担任の動きや呼び名の仕方も確認します。
□	教室・廊下・トイレ・昇降口の確認	準備していただいたところを確認します。時間に余裕があれば、花を置いたり、飾りを付けたりします。二年生が一年のときに育てた球根の花などを飾ると素敵です。
□	職員打ち合わせでの最終確認	準備が終わったら、職員全員で仕事の完了を確認します。その場でもお礼を言うとよいと思います。
□	呼名の練習	ゆったりと明るくはっきり。そして間違えずに。
□	出会いの準備	「一年生の黄金の３日間にやること」参照
□	いよいよ明日は入学式！	さあ、早く寝ましょう！　眠れないかもしれませんが。

1年2学期

マウス操作を学ぶ！ ゲームからお絵かき文字入力まで

土壇場であわてない行事準備のポイント

向山型算数と五色百人一首を二学期の核に！

1年2学期

1 マウス操作を学ぶ！ ゲームからお絵かき文字入力まで

関家　千恵

1．一年生パソコン室に行くの巻

一年生の二学期、遅くともこの時期までにパソコン室に一年生を連れて行き、パソコンにさわらせたい。

そこで、一年生すべての子どもにできるようにしたいパソコンの基本的な操作は、

マウスの扱い方である。

そのため、

キーボードは、取り外すか側面に移動させておく。
マウスをマウスパッドとともに、ディスプレイの正面に置き換える。

〈マウスを　正面に〉

ディスプレイの正面でマウスを自在に動かすことができる空間を確保する。一年生には、キーボードは不要であ

るばかりか、マウスを動かすために邪魔になる。

最初に一年生に使い勝手のよいセッティングを教えたい。慣れるまで、教師がセッティングを手伝ってやればよい。2、3回もパソコン室に通う頃には、自分たちでセッティングできるようになる。

さらに、念を入れたければ、電源を入れる前に「マウスを指さしなさい。真ん前にありますか」と、確認のために一声かければよい。

パソコンの台数は、2人から4人グループに1台のパソコンがあれば十分である。

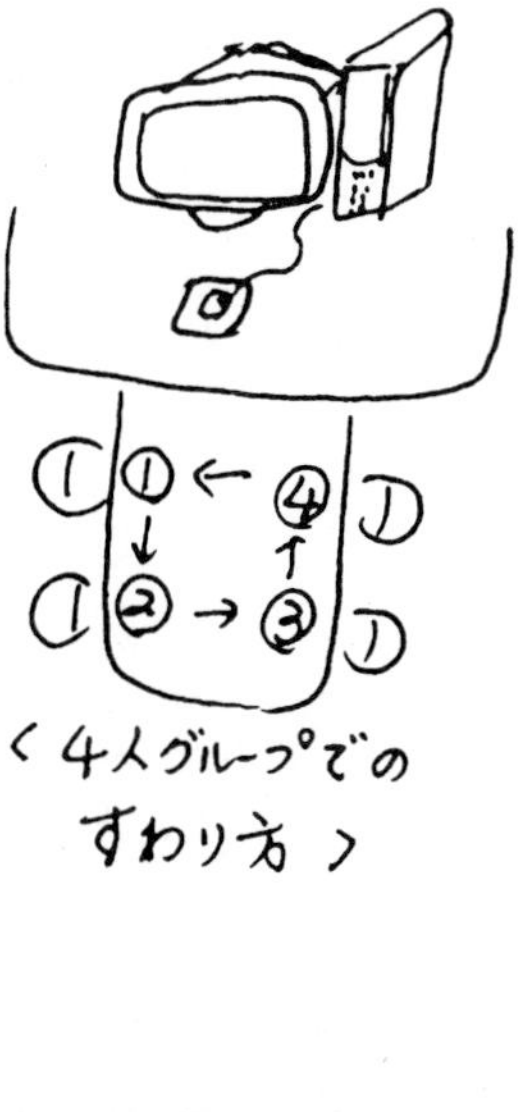

1人1台のパソコンは、操作の不安な子を孤立させ、一年生にはかえって逆効果である。

マウスの操作は、一年生の子どもにとってはとても難しい。初めてさわる子どものなかには、うまくいかずいやになってしまう子どもがいることを念頭において指導にあたる。

2．ゲームでマスター！　クリック、ドラッグの巻

初めに、簡単にマウスの持ち方を教える。

【説明・指示】

これは、マウスです。

みんなで言ってごらんなさい。さん、はい。（これは、マウスです）
そうです。ネズミのマウスです。
パソコンを動かすために大事に使います。
姿勢を正しましょう。
マウスは、右手をピース（Ｖサイン）にして軽く持ちましょう。
①番さんから順番に持ってごらんなさい。

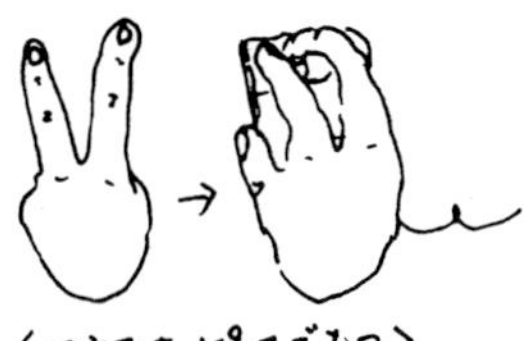

マウスの持ち方は、慣れてくるとだんだん上手になってくる。ここでは、しつこく取り上げて指導しない。できていない子どもがいれば、「マウスのピースサイン、○○さん、うまい！」と、できている子どもをほめるようにする。子どもたちの目は、ほめられた子どもの手元に集中する。ほとんどの子どもは、素直に、できている友達のまねをする。

それより、子どもたちは、パソコンを前にして操作したくてたまらないはずである。
そこで、ゲームソフトで、楽しく遊びながら次の２種類の左ボタンの使い方を順次教える。

①クリック　（左ボタンを　カチッ）
②ドラッグ　（左ボタンを　カチッ　スーッ　パッ）

ゲームソフトは、あらかじめ教師が立ち上げておき、すぐにマウスで操作できるようにしておく。一年生に電源スイッチの入れ方から指導すると、できないことが多く、パソコンの操作がいやになる子どもが増える。最もまずい指導である。

(1)　クリック（カチッ）は、ボンバー（爆弾）ゲームがおすすめ！

【説明・指示】

左ボタンを1回だけ　カチッと押します。これをクリックと言います。
クリックは、左ボタンを1回だけカチッと押します。
できるだけ速くクリック（カチッ）をして、ボンバー（爆弾）が爆発するのを止めましょう。
では、簡単なレベルを選んで、スタートボタンを押しましょう。

この程度の簡単な説明でよい。教師がゲームの画面を実際に操作しながら、テレビモニターやスクリーンに投影すると、ほとんど説明は不要になる。操作の得意な子どもが、最初はマウスを独占するようになるが、しばらくはそれでもいい。負担に思う子どもは、友達がしていることを見て、自分もやってみたい気持ちにだんだんなってくる。ボンバー（爆弾）ゲームは、マウスをマウスパッドの上で素早く動かしながら、瞬時にクリックを繰り返す。タイム制限があるで、一人のゲーム時間も1分程度である。

(2)　ドラッグ（カチッ　スーッ　パッ）は、パズル（スライディング）ゲームがおすすめ！

4枚程度に分割されている簡単なパズル（スライディング）ゲームから始める。

【説明・指示】

動かしたいパズルの絵（ピース）の上に、矢印を動かして合わせます。

絵（ピース）の上でカチッと押したまま、絵を入れたいところまで、スーッと動かしてきます。
ぴったり絵が入ったら、人差し指をパッと放します。
左ボタンとをカチッ　スーッ　パッと動かすことをドラッグと言います。
では、始めましょう。

ドラッグは、クリックをマスターするよりかなり難しい。マウスポインタが滑らかに動くようになるまでには、かなりの練習を必要とする子どもがほとんどである。クラスの中には、練習をしてもうまくいかず、途中でいやになる子どもも出てくる。教師や上手な友達が、できていない子どもの手を持って、操作を手伝ってやることがあってもいい。パソコン入門期の一年生に「一人でやってごらん」は、禁句である。

最初はこうやって、ゲームばかりを5～6時間程度練習するために、パソコン室へ通う。一年生の意識は遊びだが、それでいい。一年生の子どもたちには、パソコンが、実に楽しいモノ（道具）となる。パソコン入門期の一年生には、パソコンをもっともっとさわってみたいと思わせたらいいのである。できないことを無理強いしてパソコンアレルギーにさせてはいけない。

マウスの操作がある程度上手にできるようになれば、上達度を見極めるために「ゲーム大会」と称して、タイムや得点を競わせるのも、子どもたちは熱中する。

3．電源の切・入きっちりマスターの巻

マウスでゲームが楽しめるようになると、

(1)　**ゲームの終了の仕方を教える**

【説明・指示】

終了ボタンをクリックすると、ゲームの画面が終わります。

おわる　QUIT　×　など

終了ボタンは、画面のはしっこか、すみっこのほうにあります。

探して、指をさしなさい。

先生と同じところを指さしていますか。

モニター画面で実際にやって見せながら進める。スタート画面までもどすことを教えるのである。

(2)　**パソコンの電源の切り方を教える**

引き続いて、モニター画面で実際に進めながら教える。

【説明・指示】

パソコンは、テレビと違うところが一つあります。

それは、電源スイッチの切り方です。

テレビのように電源スイッチをパチッと切ると、パソコンは壊れてしまいます。

スイッチを押して決して電源を切ってはいけません。

先生と同じように操作します。

左すみのスタートボタンを押します。

先生と同じ画面になったら、前に集まります。……

ここは、一時に一事の指示を与え、確認しながら進めるようにする。「先生と同じ画面になったら前に集まります」という指示は、全員に指示を与えるときの「手に持っているものを置きます」と同じような効果がある。話をしっかり聞かせたいので、いったんパソコンの前から場所を移して集合させる。

電源の切り方は、マウスの操作に次ぐ基本的な大事な操作である。ぜひ全員がマスターできるようにしたい。

(3) 電源の入れ方を教える

【説明・指示】

パソコンの電源スイッチは、人差し指でゆっくりカッチンと奥まで押します。
ゆっくりですよ。
電源を入れたら、スタート画面に変わるまでしばらく待っています。
では、ゆっくりカッチンとスイッチを押しなさい。

電源の切り方を教えたあとで、入れ方を教える。スタート画面上に使いたいゲームソフトのショートカットを作成しておき、教師のモニターを見ながら絵を頼りにまねができるようにしておく。スイッチを入れるたびに繰り返し教えるようにする。焦らず、できなければ教師が手伝ってやればいい。

4. ペン入力でお絵かきするの巻

パソコンでお絵かきをする目的は、

保存し、印刷をする　ことにある。

お絵かきには、専用ペンと専用パッドを用いる。専用ペンは、鉛筆と同じように滑らかに動かせるため、思いどおりに描くことができる。

自分で絵を描くことが苦手な子どもでも、スタンプ素材や色塗り効果などを用いておもしろい画面に仕上げることができる。

上手に絵が描けるようになると、自分の絵をとっておきたいという願いが出てくる。

「先生、この絵、パソコンのスイッチを切ったら消えちゃう？　もって帰りたいよ」というたぐいのつぶやきである。プリンタで印刷できることを知っている子どももいる。

(1)　印刷は、システムを明確にして

【説明・指示】

（パソコン1台にプリンタ1台設置の場合）

みんなの描いた絵を紙に印刷することができます。

印刷する機械のことをプリンタといいます。

印刷用紙を取りにきましょう。

用紙トレイにきっちり入れます。

では、プリンタの電源スイッチをカッチンと入れます。

・パソコン本体に1台ずつのインクジェットプリンタが設置されている場合

プリンタは、たくさんの人が使うため調子が悪くなったり、修理が間に合わず使えない状態で放置されていたりする場合が少なくない。うまく進行できるプリンタとそうでないプリンタがあるので、プリンタの動作状況を事前に把握しておく。調子がおかしいと思ったら、手を高く挙げるなどすぐに教師が対応できるシステムを作っておく。教師ができる限り手伝ってやるほうが故障も少なくうまくいく。

・室内ＬＡＮによって、レーザーカラープリンタと結ばれていている場合

パソコンから出力した順番に印刷できるようになっているが、混雑していると時間がかかることをあらかじめ伝えておく。インクジェットプリンタに比べて子どもが直接さわることが少ないので、故障も少ない。順番を見計らって印刷された作品をホワイトボードに磁石で提示してやると、プリンタ周辺の混雑はない。

いずれのプリンタを使用する場合でも、子どもたちみんなが理解でき、守れる具体的なシステムが必要である。

(2) 保存は、個人持ちＦＤ(フロッピーディスク)で

保存は、ＦＤ（フロッピーディスク）に教師が操作して保存する。

保存は、ＦＤに保存する。文字やイラストなど容量が小さい場合の保存は、パソコン本体よりも、一人ひとりのＦＤを持たせ、教室やパソコン準備室で集中管理する。何と言ってもＦＤは、安価である。一年生は、自分のＦＤ

を宝物のように扱う。取り扱い方については、落としたり、スプリングをカチャカチャいじらないように留意する。

5．クリックパレットで文字入力するの巻

一年生でもマウスだけで文字入力ができる。

クリック（文字）パレットを使う。

クリック（文字）パレットには、ひらがな、カタカナ、英数字、記号、顔文字まであって、クリック一つで入力できる。

文字入力の初めは、自分の名前をひらがなで入力する。
記号や顔文字を使えば、とても楽しい文字入力になる。

（例）

∞∞∞∞∞∞∞∞∞∞∞∞∞
せきや　ちえ　（^0^）
∞∞∞∞∞∞∞∞∞∞∞∞∞

名前が入力できたら、3～4人グループでしりとりをする。

言葉と言葉の間に入れる符号は、矢印でなくてもよい。子どもたちは、相談しながら、とても楽しい画面を作り上げていく。

（例）

ありる　☆(ˋ-ˊ)☆　りす　◎(*_*)◎　すいか……

二学期から週1回程度パソコン室を利用して、クリックパレットが上手に使えるようになる頃には、ほぼ学年の終わりを迎える。マウスの使い方に的を絞って繰り返し指導しても、一年生ならば20時間以上の時間は必要である。

1年2学期

2 土壇場であわてない行事準備のポイント

角田　俊幸

1.「始業式の日にすべて終わらせる」夏休み課題の処理の仕方

始業式の日までに次のものを準備しておく。

> 赤のフェルトペン（5㎜ぐらいのもの）
> B6判の紙（薄ピンク色などのきれいな用紙を児童数分用意し、あらかじめ氏名印を押しておく）

始業式も終わり、教室にもどってきたところで、子どもたちに話をする。

「それじゃね、みんなが夏休み中に一生懸命作ってきた作品をね、ここに出てきて先生とみんなに見せてほしいの。そしてね、作品を作ったときのこととか、難しかったところとか、気に入っているところとか、そういうことをね、お話ししてほしいの」

「えー、いやだぁー」

と言いながらも、ニコニコしながら（恥ずかしがる子もいるが）黒板の前に出てきて発表してくれる。

「ぼくは、空き箱をくりぬいてミニ水族館を作りました。……難しいところはお母さんと作りました。……」

その発表を聞きながら、教師は用意しておいたＢ６の用紙と赤ペンでコメントを書いていく。

「本当にお魚が泳いでいるみたいだね。お母さんとがんばって作ったんだね」

と教師からも感想を言ってコメントを書いた用紙を子どもに渡す。

どの子もうれしそうに用紙を受け取る。

なかには、コメントを書ききれないまま発表が終わってしまうこともある。

「何か聞きたいことはあるかな」

と言うと、「ハイハイ」と手が挙がり、質問をしだす。

その間に、コメントを書くことができる。

全員の発表が終わったところで、名札と先ほどのコメントを書いた用紙を作品に貼り付けて、すぐに展示してしまうのである。

夏休みに、ドリルや日記、作品などの課題を出す場合がある。

始業式、子どもたちはそれらの課題を持って登校してくる。

４月、最初の３日間が大切なように、学期の始めも子どもたちが「やる気」になっている大切な時期なのである。

夏休みの課題にスパッとけりをつけて、すぐにでも学習に入りたい。

このようなことを後回しにすると、ズルズルと月日が流れ、いつのまにか新鮮さもやる気も失われてしまう。

子どもたちが作ってきた作品の紹介なども、始業式の日に行い、すぐに展示してしまいたい。

そうすれば、余計な残務に追われずに、すぐに二学期の授業がスタートできる。

2.「どの子も正しく練習できるようになる」漢字指導

山と板書し、子どもたちに読ませる。

「何画ですか」

「3画！」

「そうだよね。先生に向かって書いてごらん」

「イチ、ニイ、サン」

「2画目は、ニーイとしっかりと折れます。2画目だけ、サン、ハイ」

「ニーイ」

「そう、上手です。ではもう一度、山に登るの山」

「イチ、ニーイ、サン」

最初の頃は、空書きだけでもなかなかそろわない。

「男の子だけで、サン、ハイ」

「先生の手のひらの中に入る大きさで」

というように、変化をつけて何度も空書きをさせる。これは、指書きの練習にもなる。

「次は、スキルのお手本に指書きします。みんなで一緒にやります」

「イチ、ニーイ、サン」

「今度は机の上で」

ＴＯＳＳランド：http://www.tos-land.net
検索No.1111233

「自分の手のひらの上で」

指書きも、何度もさせる。すべて一斉に声をそろえて行う。画数を唱えることを徹底させるためである。

「念のために、お隣どうしでテストしましょう。右側の人だけ指書きします。左側の人はお友達の指書きをよく見ていてください。きちんと書けたらハイッと手を挙げて先生に教えてください」

指書きを何度もさせることで書き順を覚えていく。しっかりとできるようになったところで、

「なぞり書き」「写し書き」に移る。

> なぞり書き、写し書きも、最初の頃は一斉に声をそろえて書かせる。

「鉛筆を持って、みんなで一緒の速さで書きます。用意、サン、ハイ」

一斉に書くことで、時間差がなくなり、どの子も集中して練習することができる。

写し書きの最後の一つだけ、各自で書かせる。

「最後の一つは自分の速さで書いてごらん。書けた人は先生のところにスキルを持っていらっしゃい」

間違えていれば、「なぞっていらっしゃい」と言って、赤鉛筆で書いてあげる。

なぞり書きでもしっかりできれば、大いにほめて丸を付ける。

全員できたつもりになっても、一年生は間違えて練習している場合もある。

最後に、教師がしっかりとスキルの確認をするべきである。

詳しい指導内容は、ＴＯＳＳランドの『一年生漢字スキルユースウェア』をご覧いただければ幸いである。

3．「苦手な子もできるようになる」計算指導

二学期は、三つの数の計算、繰り上がりのある足し算、繰り下がりのある引き算を学習する。

さくらんぼなどの補助計算をノートにしっかりと書かせることと、計算の手順を何度も唱えさせることで、計算ミスを少なくし、算数が苦手な子も自力で問題を解くことができるようにさせたい。

三つの数の計算

「3＋1＋2ノートに書きます」

「最初に、何を足しますか」

「3＋1です」

「そのとおり。3＋1の下にお皿を書きます」①

「3＋1は4」②

「まだ何か残ってる」

「＋2！」

「そうです。4＋2は6」③

「3＋1＋2は6です」④

これを何度も言わせながらしっかりとノートに書かせる。

図1

① $\underbrace{3+1}+2$

② $\underbrace{3+1}_{4}+2$

③ $\underbrace{3+1}_{4}+2$
$\quad\;\; 4 \;\; +2=6$

④ $\underbrace{3+1}_{4}+2=6$
$\quad\;\; 4 \;\; +2=6$

足し算

「9＋3は」
「3の下にさくらんぼを書きます」①
「9と1で10」②
「3は1と2」③
「10と2で12」④
「9＋3は12です」⑤

引き算

「12－9は」
「2－9はできないので、
12を10と2に分けます」①
「10－9は1」②
「1と2で3」③
「12－9は3です」④

図2

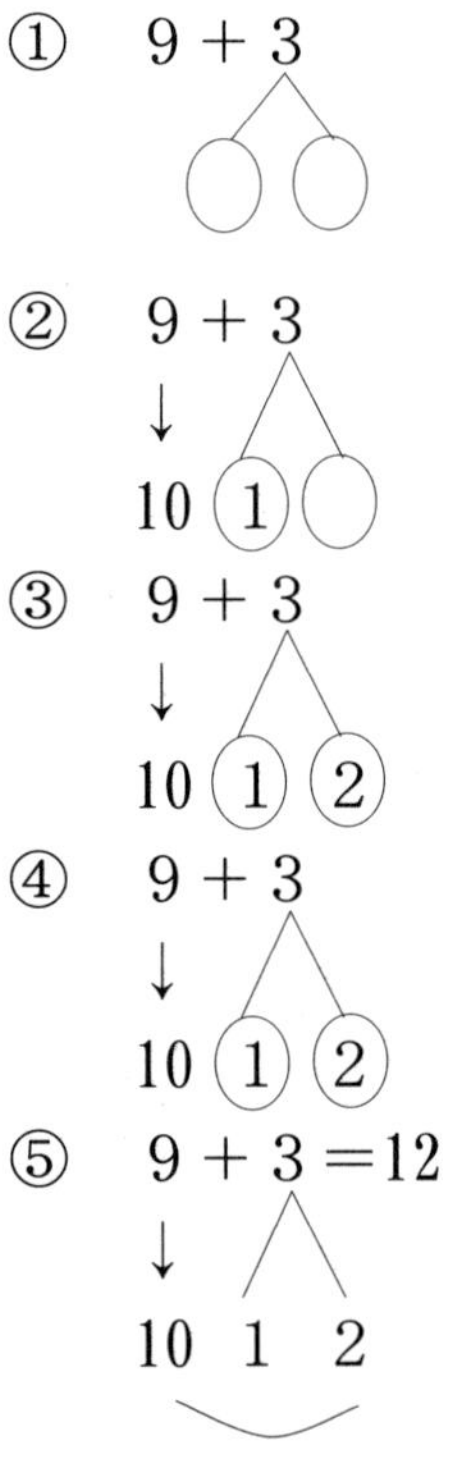

図3

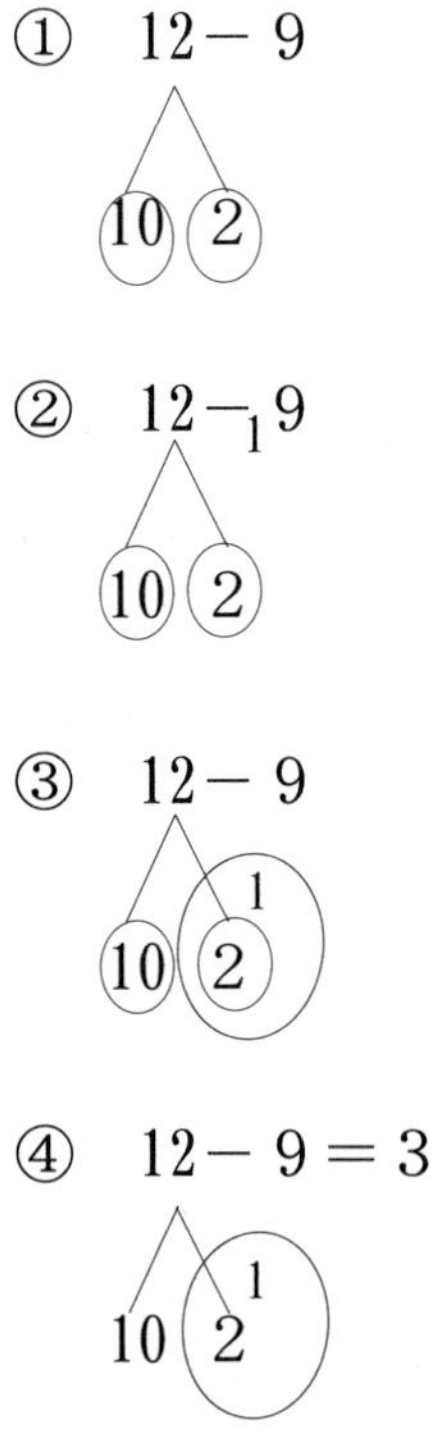

4.「土壇場であわてる必要なし」。見通しをもった行事の準備

私の勤めている学校では、二学期に学芸会がある。

学芸会では、劇、遊戯、歌器楽の3種目を行った。

同じ学年を組んでいる青木勝美氏と、

練習期間中も教科の時間は必ず確保する。

授業をつぶしてまで練習はしない。


という確認をしたが、一年生でどこまでスムーズに練習ができるのか、全く見当がつかなかった。

「当日に間に合わなければどうしよう」

という不安もある。

やることは夏休み中にほぼ決まっていた。

二学期が始まり、すぐに練習に取り組んだ。

遊戯は、青木氏が体育の時間の最初、5～10分程度で「準備運動」「体ほぐし」の一環として少しずつ取り組んでいった。

「両手を広げてお友達とぶつからないように。はい、そのままひじをカクンと折ります。ブラブラブラー」

「先生と同じように手を動かします。はい、1、2、3、4」

「今度は手を動かしながら、右に4歩。1、2、3、4。すごい！　もうできた」

このような感じで、体操のなかに振り付けが組み込まれていった。

子どもたちが、それが遊戯の振り付けだと知ったのは学芸会当日の2週間前である。

子どもたちは、あっという間に曲に合わせて踊ることができるようになっていた。

歌や器楽も、音楽の時間に毎時間練習していた。

「となりのトトロ」でお馴染みの「さんぽ」は、子どもたちに人気の歌であった。

新入生を迎える会や参観日など、何かあるたびに、歌っていたので、学芸会では合奏をすることにした。

音楽が得意な先生にお願いをして、一年生向きの楽譜に直してもらい、鍵盤ハーモニカで練習をした。

手話で歌を歌いたいと考え、ドラえもんの歌を、音楽の時間に少しずつ練習をした。

台本も、特別時間割前に子どもたちに配布し、読んで聞かせていた。

配役を決めるのもオーディションを行ったが、事前に台本があるので一生懸命練習してくる子が多く、結局は、じゃんけんで決定した。

実際に学年に割り当てられている練習時間で新たに行ったことは、劇の練習のほかに、並び方やステージでの立ち位置、入退場の仕方ぐらいで、その他は学年で合わせるだけでほとんど完成していた。

盛りだくさんの内容ではあったが、時間内で十分に行うことができた。

大きな行事を把握する。

前々から少しずつ準備をしていく。

これだけでも、土壇場であわてることなく、行事を迎えることができるのである。

5．「よいことはその場で書く」。所見の書き方

ＴＯＳＳ一年生メーリングリストのメンバーのなかに、芹沢晴信氏がいた。

氏は一年生の実践を精力的にＴＯＳＳランドに登録していた。

あるとき、その秘訣を氏からうかがうことができた。

> 毎日ズボンのポケットの中にメモ帳を入れています。
> そして、授業で「これはいい」と思ったものは、その場でメモしています。

ということであった。

これと同じようなことを、オホーツクサークルの水野正司氏からもうかがうことができた。

向山氏の仕事術である。

> 一、記録は、ＡＢＣや○×で付けない。文章で書く。
> 二、ノートに児童の氏名印を押しておき（1ページに2〜3名）、行事などのあるときに携帯する。
> 三、書くときには、その子を見てその場で書く。
> 四、一度に全員のことを書こうとはせず、書ける範囲で書く。
> 五、そのとき書けなかった子は、この次の機会に書けばよい。最終的に学期末には全員記入されている。

「その場で書く」は、目から鱗であった。

向山氏は、通知表の所見の書き方について次のように述べている。

> 基本的には、子どもたちのよさを見つけてほめるということと、一行読んだらクラスのだれのことかわかるような書き方をすることです。
>
> 『教室ツーウェイ』臨時増刊号、No.１３８、23ページ、「授業づくり・学級づくり向山とのＱＡ」（明治図書）

よいことを「その場」で書くから、その子のことを鮮明に描写できるのである。

ＡＢＣで記録しないということも、誰のことかわかるためには大切なことである。

また、「書ける範囲で書く」ということも、無理や無駄のない長続きする仕事のシステムである。

二学期は行事が多い、子どもの様子を所見に書く内容も多い。

そのとき、子どもの行動で心に留めておきたいことがあっても、実際に所見を書くときになると、思い出せない。

毎日の出来事をメモしておこうと思っても、毎日があわただしく過ぎ去り、その日の出来事も鮮明に思い出せないときがある。

このように「よいことはその場で書く」ことで、学期末にあわてたり悩んだりすることなくその子だけの所見を書くことができるのである。

「先生は僕のことを見てくれている」と感じる所見は、子どもにも保護者にも喜ばれる。

1年2学期

3 向山型算数と五色百人一首を二学期の核に！

高谷　圭子

1. 向山型算数から始めよう

夏休みが終わり、日焼けして、一回り大きくなった一年生を目の前にする。

「さあ、二学期もはりきってがんばるぞ！」と気合いが入ったであろうか。そのような先生方は、ビギナー教師としてひとまず合格である。憂鬱なまま二学期に突入しそうな先生方も、まだあきらめるのは早い。

二学期は、児童も落ち着き、授業にも身が入る。そこで、向山型算数を学べば、さらにパワーアップ！教室へ向かう足が軽くなり、子どもと会うのが待ち遠しくなる。子どもも教師も好きなことが見つかれば、自然と前向きになるもの。二学期こそ、「算数、大好き！」と叫ぼう。

次のリストは大場寿子氏の実践を参考に作ったものである。二学期が始まる前に、まず、自分の指導をチェックしてみよう。

算数チェックリスト クリアしている項目に印をつけよう。
①　赤鉛筆・２Ｂ以上の鉛筆・ミニ定規がクラスに用意されているか。
②　教科書・ノートはパタパタしまい方をしているか。
③　机の上は指定席がきまっているか。
④　百玉そろばんを使って導入をしているか。
⑤　消しゴムを使わず間違いには堂々と×をつけさせているか。
⑥　ノートの表紙にはいつからいつまで・何冊めかが記入されているか。
⑦　毎日新しいページから書かせているか。
⑧　日付・ページは書かせているか。
⑨　花丸は小さく書かせているか。
⑩　ノートを忘れた子には次の日きちんと書かれているかチェックしたか。
⑪　スキル１ページを１時間の授業として組み立てているか。
⑫　スキルは授業が終わる７分前に始めているか。
⑬　スキルを使うときは机を整頓させているか。
⑭　早く終わった子には板書をさせているか。
⑮　子どもの板書には名前が書かれているか。
⑯　できた印できなかった印を書かせているか。
⑰　ワークテストは時間を決めずその子が納得するまでやらせているか。
⑱　ワークテスト実施範囲のスキルは一通り終わっているか。
⑲　ワークテストを返すとき、大げさにほめているか。
⑳　４月から進歩が見られることをほめたか。

さあ、いくつ○がついただろうか。？という部分は、次の解説を読んで参考にしてほしい。

① 赤鉛筆、鉛筆、ミニ定規は必ず筆入れに入れさせておく。

赤鉛筆：丸付けやページを囲むときに毎回使う。書き味抜群の三菱（朱２３５１）をおすすめする。

鉛筆：２Ｂ以上の濃さのものを使わせたい。ＢやＨＢでは一年生には硬すぎる。

ミニ定規：10～15㎝のものを。手の小さい子には10㎝サイズがフィットする。

でも、必ず忘れる子がいるはずなのでレンタル用を教室にいくつか常備しておこう。折れたり書けなくなってしまったりした子は、黙ってレンタルコーナーに行くといったルールも必要である。

② パタパタしまい方は次のようにすることである。こうすれば、教科書とノートは一緒にしまえて、次の時間にパッと開ける。（写真１）

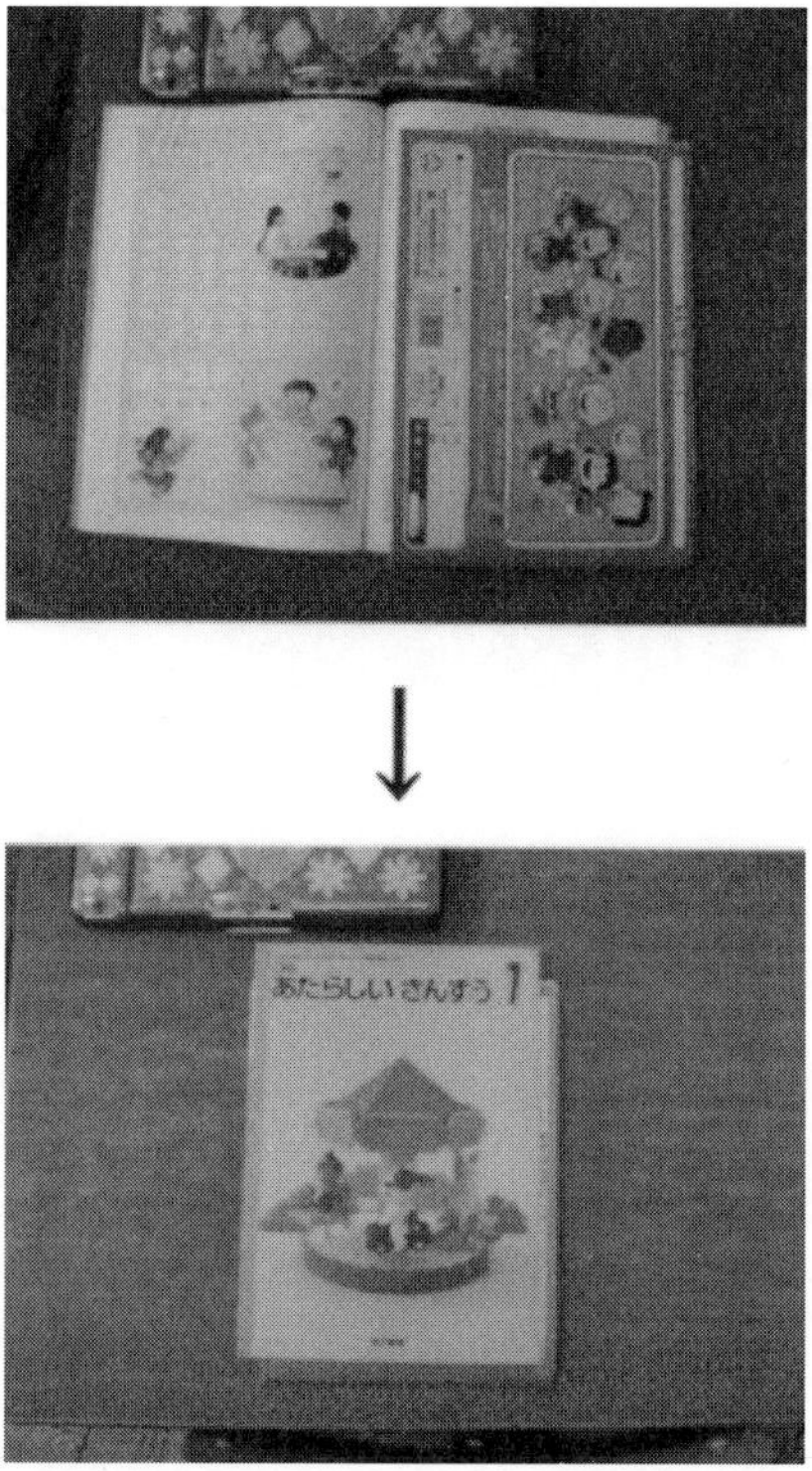

写真１

③　机の上はいつもスッキリと。必要なものの指定席が決まっていれば、筆入れを何度も落とす心配はない。（写真２）

写真２

④　導入は何と言っても百玉そろばんがいい。どんなやんちゃな子でも授業に引き込まれていく。詳しくは次のサイトを参考にしていただきたい（すべてＴＯＳＳランドhttp://www.tos-land.netから）

「百玉そろばん活用法」佐藤尚子氏のＨＰ（ＴＯＳＳランドNo.1121006）

「百玉そろばん教室」野中伸二氏のＨＰ（ＴＯＳＳランドNo.1121087）

「百玉そろばんのバリエーション」神谷祐子氏のＨＰ（ＴＯＳＳランドNo.1121042）

「バーチャル百玉そろばん」大牧文夫氏のＨＰ（ＴＯＳＳランドNo.1126052）

⑤　文字を書くことに慣れない間は、消しゴムの使い方もお勉強ということで、使わせていた。子どもの実態に合わせ、「×が多いほどお勉強ができるようになるんだよ」という話をして、堂々と×をつけさせよう。

⑥　×を堂々とつけた子やゆったりノートを書いた子は、ノートがすぐなくなる。ノートの表紙にもしっかり日付や冊数を記入しておこう。

⑦　毎時間、新しいページに書くというのは気持ちがいい。

⑧　向山型算数の基本となるものである。日付の斜線やページの赤囲みはもちろんミニ定規で引かせる。

⑨　花丸は「小さく」とか「かわいらしく」などという言葉を添えて描かせよう。

⑩　昨日の内容がノートに書かれてあるかチェックし、やってきた子をほめることができると忘れ物は激減する。

⑪　赤ねこ計算スキルの1ページに合わせ、授業を組み立てるとよい。その際、教科書のコピー、発問、ノートを見開き2ページにまとめたノートを作ると便利である。

⑫　二学期からは、コース別の問題になる。今までとは子どものやる気が違ってくる。赤ねこ計算スキルの進め方は、次のサイトを追試してほしい。

「計算スキルの学習システム」小松裕明氏のHP（TOSSランドNo. 1124021）

「赤ねこ計算スキルで最も我流になりやすい所はここだ」木村重夫氏のHP（TOSSランドNo. 1124026）

⑬　スキルを始めるときは、机の上には筆箱と下敷き入りスキルだけにさせる。

⑭　一年生でも板書ができる。早く終わった子にどんどん書かせよう。ただし、人数は配慮が必要。単元によってかなり差が出るからだ。

⑮　板書に責任を持たせるうえでも、名前は必ず書かせよう。

⑯ できた問題、できなかった問題を区別するために、今から印つけを意識させよう。初めは、できたところにだけ「ビシッ、ビシッ」と言いながら、線を引かせた。

⑰ ワークテストでも、みんな100点を取りたい。もちろん席はそのままで（少々お隣が気になるのが一年生）、時間が足りない子には満足いくまでやらせよう。

⑱ ワークテストの範囲内の教科書は、終わっているのは当たり前。では、スキルはどうだろうか。テスト前にチェックしたい。

⑲ テストはその時間中に採点をし、その日に返そう。幸い一年生のテストは、すぐ丸付けがすんでしまう。その際、100点の子には思いっきりほめてあげよう。満点の感想を余白に書かせるのもよい。直してきて100点になった子にも、大げさにほめ、テスト大好きにさせよう。

⑳ 「ほめて、ほめて、ほめて！」できない子には赤鉛筆でうすーく書いてやればいい。それをなぞれれば、またほめよう。わからなくて板書を写せた子も、たくさんほめてあげよう。４月から何がどうできるようになったか、ほんの些細なことでもいいから、二学期になったらまず見つけてほめてあげよう。

ここで、紹介したのは、ほんの一部である。もっと知りたい方は、次の本をおすすめする。

月刊誌『向山型算数教え方教室』（すぐ追試できる授業の情報が満載である）

『向山型で算数授業の腕を上げるシリーズ』全7巻（向山洋一・木村重夫編）の中の、

①向山型で算数を得意にする法則

④向山型授業のテンポ・リズムづくりの法則

⑤向山型授業システムづくりの法則
⑥向山型学習技能指導の法則

いずれも、明治図書から出ているものである。

学べば学ぶほど、夢中になること間違いなしの向山型算数である。

2. これでクラスが盛り上がる――五色百人一首は一年生から

(1) 六年生にも負けない一年生が育つ

平成13年1月に「第一回五色百人一首栃木県大会」が栃木県小山市で開催された。総勢100名近くの小学生が集まり、熱気あふれる大会となった。一年生から六年生まで各色に分かれ対戦をする。そのとき担任していた我がクラスの一年生も戦いに挑んだ。

結果は、参加13人中、1位2名、2位4名、3位1名と大健闘をした。六年生に勝った子は、興奮状態で報告してくれた。とてもうれしそうだった。

このように、一年生でも十分活躍できる、魅力ある裏文化の遊びである。

(2) 五色百人一首って？

「100枚いっぺんに覚えて取る大変なもの」というイメージの百人一首。かく言う私も、高校時代には四苦八苦して覚えた経験がある。しかし、この五色百人一首は、その名のとおり、100枚が五つに色分けされた画期的なもの。

慣れてくれば、1試合3分ぐらいで終わってしまう。色ごとにも購入できるので、手軽に楽しめる。

(3)　五色百人一首を覚えるという頭脳の「回路」をつくる、初めの一歩

言葉の羅列を一つのまとまりとして覚えるため、一年生には、次のように細かく分けて指導した。

・机を並べる。「二人が向き合うように机を合わせなさい」

・札を並べる。「年の数だけよく切って10枚ずつに分けなさい」「横に5枚、縦に2段で並べなさい」

　「縦はくっつけて並べます。横は隣どうし、少し離してもかまいません」

　「相手に取りやすいように札は机のいちばん上の所に置きなさい」

・下の句だけ読み、カルタと同じように取らせる。

　犬棒カルタなどは経験済みなので、取り札を並べて札の読み方をインプットさせる。

・上の句の次に下の句を2回読む。

　慣れてきたら上の句も加え、上の句と下の句の存在を知らせる。

(4)　やんちゃな子も夢中になる魅力

次の日、覚えた子が次々とテストを受けに来る。スラスラ言えた子にはスタンプを押してあげる。「すごいねえ、○○さんは二つも覚えちゃったの！」と少々オーバーにほめると、私も私もと先を争って聞かせに来る。やんちゃ坊主も必死に覚える。すると、上の句の初めで取れるようになり、どんどんおもしろくなる。そして、夢中になって取り組むようになる。

(5)　やる気のない子への対応

どうしてもやりたくないという子はいるものである。負けるのが嫌で臆病になる子、関心がもてない子など。そういう子には教師のそばでお手伝いをさせた。

みんなが楽しく盛り上がってくると自然にまたやろうとするから、無理強いしないほうがいい。何か関われるようにしてやりたい。（写真３）

写真３

興味をもった方、もっと知りたい方は、次のサイトを参考にするとよいだろう。

「スーパー名人の部屋　五色百人一首が十倍楽しめるページ」小宮孝之氏のＨＰ（ＴＯＳＳランドNo. 1600003）

１年３学期

素早く書ける「要録の所見欄」のヒント
作文を工夫して文学への抵抗をなくす
１年生に育てたい力と教育設計のポイント

1年3学期

1 素早く書ける「要録の所見欄」のヒント

青木　勝美

1.「どの子も一年生の漢字を習得率20パーセントアップできる」おさらい漢字指導

漢字を何度も書かせる練習方法があります。

しかし私は、漢字スキルのシステムを利用して、短期間で無理なく子どもたちにおさらいさせることができました。また、それによって総まとめのテスト平均が90点を超えることができました。

初めにドリルなどについているまとめの部分を縮小コピーし、すべての漢字が1枚の紙に見えるようにします。

問題の漢字を子どもたちと一緒に読みます。このとき、男子だけ、女子だけ、1列目だけと、変化をつけて何度を読ませます。漢字が読めない子は漢字も書けないことが多々あります。

漢字学習が苦手な子どもたちが読めるなと感じたところですべての漢字の横に「読みかな」を書かせます。

❶山　❷川　❸木　❹林　❺森
❻竹　❼月　❽石　❾草花　❿土
❶犬　❷貝　❸虫　❹糸　❺田うえ
❻村　❼町　❽空　❾天気　❿雨
❶口　❷目　❸耳　❹手　❺足
❻上　❼下　❽中　❾右　❿左
❶学校　❷先生　❸名まえ　❹本　❺字
❻さく文　❼男の子　❽女　❾王さま　❿車
❶一　❷二年生　❸三学き　❹四さい　❺五ひき
❻六さつ　❼七いろ　❽八まい　❾九本　❿十人
❶白　❷音　❸力　❹百人　❺千円
❻花火　❼水玉　❽正月　❾金よう日　❿夕がた
❶見る　❷出る　❸休む　❹立つ　❺入れる
❻早い　❼赤い　❽青い　❾大きい　❿小さい

書き忘れを防ぎ、読み方を確かめるためにもう一度、読ませます。読みかなを見ながら、鉛筆で漢字をなぞらせます。鉛筆でなぞらせた用紙を机にしまわせて、テスト用紙を配布します。漢字が書けるかどうか自分テストをし、間違えた漢字や書けなかった漢字は、前ページの用紙を見て、正しく書かせます。もう1枚、テスト用紙を配り、間違った番号に赤○をつけさせます。つけさせたあと、回収します。これが次の日のテストになります。

間違えた漢字や自分であやふやな漢字は覚えるまで、ノートに書かせたり、指書きなど、十分に練習をさせます。

教師はその間に、間違えた漢字を調べます。これは1時間かかります。

次の日、回収していた赤○のついたテスト用紙を配布し、テスト実施後に自分で採点させます。

この方法だけでも漢字の実力は10パーセント上がります（私のクラスで、29人中25人が１００点でした）が、さらにもう一押しします。間違いの多い漢字を一つずつフラッシュカードにしておきます。

フラッシュカードの作り方、やり方は、『教え方の基礎基本小事典小学校一年』（明治図書）、56～57ページ、水野正司氏の実践に詳しいので参考にしていただきたいと思います。

フラッシュカードを2～3分程度で朝の会のあと、すきま時間、授業の導入などのときに空書きも交えながら行います。

子どもたちは、間違えそうな漢字をテンポよく楽しく声に出していくので、自然と覚えていきます。

2.「1日5分で無理なくまとめの練習ができる」おさらい計算指導

計算スキルについているたくさんの計算問題を子どもたちに、無理なく使わせます。それは、

> 20問の計算問題を10問ずつに区切らせること

から始めます。

なぜなら、計算の苦手な子にとって20問という量は脅威です。まず、その脅威を取ってあげるのです。

さらにこの方法によりいっぺんに20問を実施することによる、計算の得意な子、そうではない子の間にできる時間差を少なくすることができました。

また、いつもの計算スキルのやり方のため、「いつもと同じだ」「楽勝」などの声が子どもたちから出るほど、自然に取り組むことができました。

コース選択により、問題数が少ない子が出てきます。

計算の苦手な子は、計算と答えに触れる機会が少ないことが考えられます。教師はそれに触れる機会を多く設定してあげればよいのです。

私はこれだけでもちょっと不安でしたので、誤答、苦手な計算を発表させ、みんなで唱えさせました。

誤答と苦手な計算を言わせることにより、誤答の子は恥ずかしい思いをしません。

また、同じような問題を何度も唱え、唱える側も「教えてあげているんだ」という意識になります。

そうすることにより、より一層、計算を暗記できます。


以下、私が実施した方法を記します。

① 20問の計算問題を10問ずつに区切らせる。
② 時間は2分であることを告げる。
③ 10問の問題に2問コース、5問コース、10問コースとコースを設け、選択させる。
④ 選択コースを挙手などで確認後、実施させる。

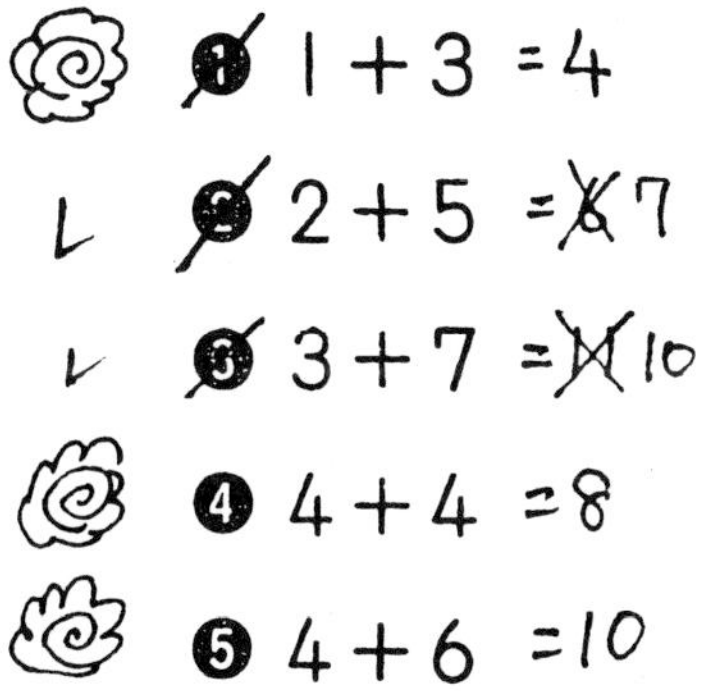

⑤ 2分後、先生が解答を唱えて、10番から○をつけさせる。
⑥ 解答後、できなかった問題、間違った問題、ちょっと時間がかかった問題の番号に✓点を入れさせる。
⑦ できた問題の番号には／を入れさせる。
⑧ そのあと「時間を1分あげます。できなかった問題や間違った問題を急いで解答を見て写してしまいなさい」と指示する。もちろん、①②のコースを選んだ人も10番までやるように指示する。
⑨ 100点だった人や早く採点が終わった子は花○を／の横に小さく入れ

させます。

⑩　1分後に、子どもたちに今日の問題で苦手な計算、間違った計算を一つだけ発表させ、ほかの子みんなで式と答えを言わせる。Aくん「4＋9です」、みんな「4＋9＝13です」、Bくん「7＋6です」、みんな「7＋6＝13です」という感じになる。

3．「自分たちの計画したイベントで1年を終えることができる」――生活科より発展

一年生の生活科の最後は、「もうすぐ二年生」「楽しかった一年生」と1年間を振り返る単元があります。

その単元で、最後はイベントまで発展した実践を紹介します。

1～2時間目は、入学してから今まで、学校で楽しかったことを発表させて、先生が黒板に書いていきます。

そのなかから一つ、子どもたちに選ばせて、日記風に絵と作文で書かせ、発表させたり、実演させます。

運動の得意な子が「ぼくはなわとび50回跳べるようになりました。見てください」とみんなの前で実演した。みんなから大拍手であった。一人が出ると、次々と実演組が出てきて、ちょっとしたお楽しみ会風になりました。

3時間目は、2時間目の続きをし、二年生でできるようになりたいこと、やってみたいことを1時間目と同じように紙に書かせます。

4時間目は、1時間目に書かせた紙を黒板側に子どもたちに貼ってもらい、3時間目に書かせた紙は教室の後ろに貼ってもらいます。

そのあとで次の指示です。

黒板のほうと、教室の後ろ側をぐるっと見回してきてごらん。


見て回っているうちに子どもたちから、「飾りみたい」「おもしろい」などのつぶやきが出てきます。

そのなかでパーティーに関するつぶやきが出たら、

「いいねえ、じゃあ、パーティーをやってみようか」

と話しかけました。まわりで聞いていた子どもたちは、「やった。パーティーするんだって」と大喜びでした。

改めてみんなを席につかせて、パーティーをすることにしたことを告げます。大歓声です。

4時間目の残りは、パーティーの題名を決めるところで終わると思います。

5～7時間目は、パーティーの中身に入ります。

やりたいことを子どもたちからたくさん発表させて、黒板に書いていきます。

そのなかから、子どもたちでやりたいものを一人一つ、決めてもらいます。

そのあと、子どもたちに聞いていき、希望のないものは消していき、題目を絞ります。

グループごとに紙を配り、どのようにして遊ぶのか詳しく書いてもらい、発表させます。

その発表後に質問タイムを取り、賛成意見、反対意見を子どもたちからとります。

内容によってできないものなどはこの時点でなくなっていきます。

8時間目は、プログラム作りと役割分担です。

順番は、くじ引きで決めたり、黒板に残った順など場に応じて決めます。

全体司会やプログラムを書き、飾りつけなどは先ほどの発表で担当がなくなった子どもたちを中心に教師と一緒に進めると大丈夫です。

9、10時間目はパーティーの準備や司会などの練習です。

準備のいらない人や早く準備が終わった人は、飾り作りを手伝います。

自分たちで計画、実行していったパーティーだけに、当日は大いに盛り上がりました。

4.「短い学期の所見はカードで子どものがんばりを書き逃さない」——三学期の所見の書き方

次ページのカードは、何がどこまでできたら、スーパー一年生かということを明示しています。

こうすると一年生はゴールが見えて、がんばります。

加えて、この用紙の特徴は、3回、自分をほめる（自分にとってプラスの自己評価）ようにしていることです。

3回も自己評価を行うため、子どもたちは目標を次第に意識していき、3回目には、みんながスーパー一年生になり、教師は子どもたちが3回目になってできたことやがんばる様子を所見に書き入れることができます。

例えば、次のようになります。

（カードには）

1月　声を出して教科書が読めた。読むのが難しかったけど、がんばった。すごいよ。

2月　引き算が難しかったけど、補助計算はがんばって書いた。計算スキルで100点があった。天才だ。

3月　長いお話を最後まで読めた。ノートに花○がたくさんある。えらいぞ。

☆2　計算と本読み　←

（所見には）
学習には熱心に取り組み、音読や計算も練習を繰り返すことによって、確実にできるようになっています。スキルではたくさんの１００点を取るようになりました。さすがです。

やり方は、次のとおりです。

めざせ！スーパー1年生！！

（　）年（　）組　名まえ（　　　　　　　）

☆ 1．3学きにがんばることに〇をつけて、3月には『スーパー１年生』になりましょう。

	おべんきょうでがんばることはなあに	そのほかがんばることはなあに
3学きにがんばること	1．手をあげて、はっぴょうする。 2．こえを出して、きょうかしょをよむ。 3．かん字をおぼえるようにれんしゅうする。 4．けいさんをていねいにノートにかく。 5．ノートに日づけやページをきちんと書く。 6．先生のはなしをしっかりときく。	
1月のじぶんをほめよう！		
2月のじぶんをほめよう！		
3月のじぶんをほめよう！		

☆ 2．じぶんがとくにがんばったことはなにかな？

スーパー１年生レベル

かんぺき　ふつう　だめでした～

学期始めに用紙を子どもたちに配り、子どもたちに目標を書かせます。

1月の終わり（目標を書いて2週間後ぐらい）にカードを再び、渡します。

早い時期だと子どもたちが目標を強く覚えており、また、がんばったこともたくさんありがちです。

初めに三学期の目標をそれぞれに読ませてから、「1月のじぶんをほめよう」を読ませます。そのあとで「勉強でがんばったことは何かな？　自分をたくさんほめてごらん」と指示します。

書くときにわからなくなる子もいます。そのときには、先生が目標を読んであげて、「これ、できたんじゃない」と声をかけてあげたり、朝来たときや1時間目、大休憩のときなど場面を先生が言ってあげれば大丈夫です。生活面では係や当番活動を、学習面では、音読や漢字テスト、計算問題などについてしっかりと書いてきます。

書いたあと、再び掲示します。

これを2月の中頃から終わりにかけて2回目を実施し、最後は評価時期にさせます。教師は、所見の評価にいちばんがんばったこと（前ページのカードの☆2）を漏らさずに書きます。

子どもたちは教師が気づかなかったことを書いていることがあるので、それも落とさず所見欄に書き込んでいきます。そうすると、あっという間に、欄はうまってしまいます。

5．「29人の指導要録所見が素早く1日でできる」――要録の準備の仕方

私は、指導要録を書く前に次のものを用意します。

> ① 一学期から三学期までの教育連絡表（通知表）のコピー
> ② 学級通信（運動会や学芸会など学校行事でがんばっていたことを表記してあるもの）
> ③（実施してあれば）学力テストの結果
> ④ 学事報告（今年度の作品関係の入賞者の一覧）
> ⑤ 出席簿

所見は三つ書かなければいけません。

一つめは各教科（国語、算数など）の学習の記録として、二つめは特別活動における児童の活動の状況についての事実および総合的に見た場合として、三つめは行動の記録（生活行動）についての特徴や指導上留意すべき事項などです。

まず、用意した①と②を学習面に関することを赤で、行事や学級活動に関することを青で、生活行動に関することを緑で囲みます。

それを学習面なら赤で囲まれた学習面を三学期分並べます。

そして、その子が優れているところ、学習全体を通して見られる特徴、学習に対する努力、興味・意欲・関心、学年において進歩が著しい教科など、その子のがんばった姿がわかるものに下線を引いてピックアップします。

所見文をそのまま使いたいところですが、文体が指導要録に載せるのに整っておらず、また、詳しく書いているので簡潔にしなければいけません。

例えば、次のようになります。

（連絡表所見文）

生活科では興味・関心が強く、休み時間には、朝顔の水やりを欠かさずに行い、ウサギの世話も一生懸命に取り組むほどでした。また、朝顔のツルを誰よりも最初に見つけて大喜びでした。

↓

（指導要録文）

生活科の興味・関心が強く、小動物や植物を世話し、観察を続けてきた。

改めて思い起こすことがないので、すぐにでも仕上がります。

追記したくなることも、○で囲む段階や下線を引く段階で思い出してきますので、すかさずペンを握り、コピーした所見の用紙に書き込んでおき、あとで文章を整えれば大丈夫です。

最後に、文字は丁寧に書くことをおすすめします。一年生の先生が乱雑に書くと、その要録は、６年間乱雑に書かれるかもしれません。なぜなら、一年生の先生が書いた乱雑さについ乗ってしまうからです。心がけたいものです。

1年3学期

2 作文を工夫して文字への抵抗をなくす

太田麻奈美

1．文字に抵抗がある子

私が一年生を担任したとき、ほとんどひらがなが書けないままで入学してきたという子が2人いた。

1人の子が、半分くらい読むことはできたが、書くのは名前に使われているものとあと少しだけという状態だった。もう1人の子は読めるのも書けるのも名前に使われている文字とあと少しという状態だった。

その子たちも、三学期にはひらがなの読み書きができるようになってきた。二学期までは黒板の字を写すのもおぼつかなかったが、毎日続けているうちにそれもできるようになってきた。

ただ、いやがったのが作文である。

「あのね」などを書かせても、思いがすんなりと文に表せず、自分自身にイライラしてしまうようなのだ。

「名前を一つひとつていねいに書いたね！」

「すごい、ここまで書けたね！　びっくりしたなあ！」

「今日は、『。』（句点）が三つもある！　かしこい！」

などとほめてほめてその気にさせて、少しでも抵抗感をなくさせようとした。それでも、ときには書けない自分へのふがいなさで泣いてしまうこともあった。

2．「わたしはだれでしょう」作文で変化

そんな2人だったが、三学期に変化が見られた。

見事な集中力で書くようになったのがこれである。

「わたしはだれでしょう」作文

これは、三つの文で書く作文である。

テーマから思い浮かぶものについて、そのものの特徴をヒントのようにして作文を書くのである。

例えば、このようなものである。（テーマが「鳥」の場合）

①わたしは、毛がくろと白です。
②わたしは、うみがすきです。
③わたしは、なんきょくにいます。
（答え…ペンギン）


三学期になってから取り組んだのだが、これは大当たりだった。

自分がクイズの出題者のようなつもりで書けるからだろう。わき目もふらず、一心に鉛筆を動かしていた。

いつもは思い出せない字があるとすぐ遊んでしまうのに、このときばかりは
「先生！〝○（ひらがなの中のある字）〟ってどう書くんやったっけ？」

と私に尋ねるぐらい意欲的に取り組むのである。

もちろん、書けないふがいなさで泣くこともなかった。

意欲が集中力を生み、この子たちの力を大きく引き出したのである。

3．最初の指導（導入）

この作文を書かせるときは、最初は範囲の狭いテーマにしたほうがわかりやすい。「動物」とするよりも、「鳥」や「虫」などとしたほうがよい。（一年生の子どもたちのなかには、鳥も虫も動物と分類してしまう子がいる。私が発表会の時点までそのことに気がつかず、みんなから「それは違う！」と言われて泣かせてしまった子がいた）
また、身近にあるものも書きやすい。「筆箱に入っているもの」「教室にあるもの」など、見える範囲にあるものだと観察しながら書けるからである。
私は、子どもたちに最初に書かせるとき、このようにした。

説明1　先生が、今から三つのもののなかのどれかに変身します。
説明2　三つのものというのはこれです。

板書
・えんぴつ

・けしごむ
・こくばんけし

指示1　このなかのどれかに変身して書いた作文を読むので、何かわかったら手を挙げましょう。

「変身」という言葉は、子どもたちがイメージしやすいように使ったが、これは効果的であった。最初なので、子どもたちが考えやすいように「鉛筆」「消しゴム」「黒板消し」と答えを三つに制限した。また、考えやすいように実物を用意して見せ、黒板にもそのものの名前を書いておいた。

子どもたちは、「よっしゃー！」と言ってやる気満々である。ヒントは三つあることを告げてから作文を読んだ。

わたしは、ふでばこの中にいます。

この時点で「黒板消し」ではないことがわかる。子どもたちは適当に「鉛筆」や「消しゴム」と言いだしたが、次のヒントも聞いて考えるように制しておいてから次の文を読んだ。

わたしは、つかうとかすが出ます。

読み終わるやいなや、たくさんの子が手を挙げる。何人もの子が「消しゴムだ！」と答えるが、ここではまだ正解を言わずに次の文も聞かせる。

わたしは、字をけすことができます。

ほぼ全員の子が手を挙げた。
答えは、もちろん「消しゴム」である。

4．最初の指導（実際に書く）

私が例として出した作文を黒板に書き、全員で読ませる。そのあと、このように言った。

説明3　今度は、みんなに書いてもらいます。
指示2　「鉛筆」か「黒板消し」のどちらに変身するか決めましょう。

最初なので、先ほど黒板に書いたもののなかから変身するものを選ばせた。どちらに変身するのかを挙手で確認する。

指示3　変身したもののつもりになって、「わたしは○○です」と書きましょう。
指示4　書けたら先生のところに見せに来なさい。

文型を「わたしは〇〇です」と制限したのは、そのほうが変身したものになりきれると考えたからである。

しばらくして、1人、2人と見せに来た。少々ピント外れでも「うまい！」「かしこい！」と言って〇をしていく。

指示5 続きの文を二つ書きましょう。

〇をしてからこのように言ってノートを返した。

教室には、一つめの文を考えている子、見せに来る子、二つめ、三つめの文を考えている子というような状態である。

しばらくしても思いつかないという子には、

「黒板に書いてある先生のをまねしていいよ」

と言った。もちろんそれまで見せに来た子にもいたが、このように言うと「わたしは、ふでばこの中にいます」と書いて見せに来る。

先述の2人の子もそうだった。

「よく書けたね！」と言って〇をする。満足そうに笑いながら、2人とも席に帰っていった。

また、2文め、3文めで悩む子もいたので、

・いろ

・かたち
・大きさ
・どんなときにつかう？

というアドバイスをしながら黒板に書いた。これで、ほとんどの子が書けた。

先述の2人は、私の作文の例をまねしながら2文め、3文めを書きあげた。

そのなかの1人の作文である。


わたしは、ふでばこの中にいます。

わたしは、つかうとくろいこなが出ます。

わたしは、字をかくことができます。

（答え…鉛筆）


書けた子の作文は読み上げてみんなの参考にさせていたので、この子の作文も読み上げた。

今でも、この子の誇らしげな顔を覚えている。

その他、こんな作文に仕上げた子もいた。


わたしは、だんだんまるくなります。

わたしは、赤やくろなどのいろです。

わたしは、ノートの上でおどります。　　(答え…鉛筆)

5. 発表会

また、この作文の発表会も盛り上がった。

子どもたちは、自分の作文が読みたくて仕方がなく、一人の発表が終わるやいなや「次、読みたい！」「私に読ませて！」という声がとんだ。

聞いているほうもどちらかというと、発表会というよりもクイズ大会のようなノリである。

「○○ちゃんの問題はおもしろかったね」

などのような声があり、「作文」というよりも「問題」ととらえている子が多かった。

子どもたちがクイズ大会のようにとらえているのがわかったので、

一つめの文（ヒント）でわかったら30点、二つめの文でわかったら20点、三つめの文でわかったら10点

というようにしたこともある。

個人対抗でしたりグループ対抗にしたりして、大いに盛り上がった。

なるべくたくさんの子に読ませたかったので、発表している子自身が答える子をあてるのではなく、教師があてるようにテンポよく進めた。

6. 変化

そのうち、子どもたちの作文に変化が見られるようになった。

難から易へ構成する

ようになったのである。

つまり、一つめの文には難しいヒント、二つめの文には少し難しいヒント、最後の文には簡単なヒントというように構成するようになったのである。

それまでは思いつくままに書いていたので、一つめの文で答えられてしまうことも多かった。それではおもしろくない、と考えだしたのだ。

しかし、なるべく難しいのを、と考えるあまり最後の文まで聞いても何かわからないというものを書く子が出てきた。そこで、私のクラスでは

三つめの文は、超簡単なヒントにする

というルールが作られた。子どもたちが考え出してきたのである。

最後に、クラスでいちばんおとなしかった子が書いた作文を紹介する。

テーマは、「アニメの中の人物」である。

わたしは、かぞくがたくさんいます。
わたしは、毛が3本です。
わたしのこどもは、かつおです。
（答え…「サザエさん」に出てくる波平さん）

この子がこの作文を発表したとき、クラスが大うけにうけた。この子は照れながらもとってもうれしそうで、それ以後、少し積極的になってきた。

二年生に送り出す前の三学期、文字への抵抗をなくすのにうってつけの実践である。

1年3学期

3 一年生に育てたい力と教育設計のポイント

溝端　達也

一年生三学期の学習をどのように教育設計していけばよいだろうか。

このことを考えるうえで大切にしたいポイントは、「年間を通してどのような子どもを育てていきたいのか？」という学校全体としての考え方であろう。どの学校でも、学校目標やめざす子ども像にそれを記している。

・自らを開発し続ける子どもの育成

・自己を取り巻く環境に関して、自立的に取り組み、人間としてよりよい生活や生き方を形成しようとする子どもの育成

・自ら学び、心豊かなに生きる子どもの育成

自分が勤務する学校要覧や研究テーマを確認すればよい。自分の学校で掲げる教育目標から、担当する学年でどのような子どもたちを育てていきたいのかを学年で共通理解を図ることが大切であろう。ちなみに私の勤務校では、以下のようなめざす子ども像を設定し、共通理解を図り、それぞれの学年で実践を取り組む。

社会を創造する知性、人間性を育む子どもの育成

現在の社会に適応できる子どもたちの育成にとどまるだけではなく、自分たちの暮らす社会を意識し、これまでの社会をなぞり、社会そのものの変化を積極的に創造する経験をめざした知性、人間性こそが、本校で理想と考える知である。このことをベースとして、子どもたちの実態、教師の願いをもとに第一学年の教育実践に取り組んできた。ここでは、２００１年1月から2月までに実践された二つの実践例の紹介と一年生の教育実践を行ううえで配慮したいポイントを述べる。

Ⅰ　冬休み発見発表（1月）
Ⅱ　冬のお店ウオッチング（1月）
Ⅲ　一年生の教育計画で配慮したいポイント

1. 冬休み発見発表（1月）

夏休みも同じことが言えるが、冬休み明けの子どもたちは、元気いっぱいに登校してくる。子どもたちは、教室にいると次々と冬休み中にあったことを私に報告してくれる。冬休み中の宿題を集めている最中であってもおかまいなしに次から次へと話しかけてくる。そんなとき、しばらくは子どもたちの話に耳を傾けている。旅行に出かけた子どもは、おみやげを手に話をする。

「これね、グアムのキーホルダーなの。先生にあげる」

「大阪のおばあちゃんの家に行ってね、映画見に行ったよ」

「家族で信州にスキーに行ったよ」

そんな子どもたちの様子を見て、「発見発表のネタにしよう」と考え、子どもたちに次のような提案した。

冬休みの出来事の発見発表しようか。

「やったー！」

「やろう、やろう」

この発見発表とは、低学年版のスピーチである。クラスのみんなに発表したい発見やおもしろかった出来事、今、興味のあること、今、がんばっていることを「はっけんノート」という方眼サイズの用紙にまとめる。文章だけでなく、絵を描いたり、写真を貼ったり、実物を持ってきたりしてもよい。それをクラス全員の前で発表するのである。子どもたちはあらかじめ、家で書いてきたノートをみんなの前で読む。ここで紹介する発見発表は年間を通して実施される単元で、ここでは冬休みのネタを題材に発表会を開いた。

1日に10人ずつ発表していく。これぐらいの人数が本学級ではちょうどよい。1週間かけてクラス40人全員が発表できる機会を設ける。

回数は、1カ月に2回程度設けている。子どもたちは、いつも発見発表で探す題材を意識するようになる。身の回りの出来事だけでなく、最近は社会問題を題材に発表する子どもも若干名出てきた。

三学期のこの頃になると、ノートを見なくても読める子もいる。

「かしこいなあ、A子ちゃんはノートを全然見ないで発表できたよ。えらいな」

一人の子どもをほめることで、暗記して発表できる子どもを少しずつ増やしていく。しっかり練習してくれば、ノートを見なくても言えるようになることをクラス中に広げていく。

発表する子どもは、発表する題名と名前を黒板に記入する。聞き手であるクラスの子どもたちにどんな話をするのかをあらかじめ、伝えておくためである。一人ずつ、クラス全員の前で発表するのである。発表時間は、1人1分間。1学期の頃は、時間の制限をしなかったが二学期の終わりの頃から時間制限をつけた。家でも発表練習をしっかりしてくる子どもが増えた。今回の冬休み発見発表では、以下のようなテーマが挙がっていた。

・スキーをしたよ
・おねえちゃんとおかあさんとケーキづくり
・一輪車に乗れたよ
・映画に行ったよ
・温泉に入ったよ
・お年玉いっぱい
・おとうさんと野球をしたよ
・おばあちゃんの家に行ったよ
・ハワイに行ったよ
・ゲームをしたよ

（後略）

子どもたちの発表が終わると、「質問コーナー」がある。子どもたちどうしの意見交流の場である。時間の関係上、一つの発表に対して、２人までとしている。発表を聞いて、もう少し聞いてみたいことや疑問に思ったことを発表者に尋ねる。しかし、子どもたちから出てくる質問の多くは、一問一答式の形式に偏りがちである。そこで、質問の仕方もこのときに指導する。「先生も質問してもいいかな」と発表者にお尋ねをする。子どもたちに「こんな質問の仕方をしてほしいな」という願いを込めて、お尋ねの方法を具体的に示すことで、質問方法を指導する。

虫や植物、季節の行事などを題材にした発表内容が多いため、生活科の導入にも有効活用できる。子どもたち自ら見つけてくるものを足がかりに、単元の導入を展開することが可能になる。

このような発見発表を通して、身の回りの環境や社会の変化に興味をもち、自分なりの意見がもてる知性を期待したい。

2．冬のお店ウオッチング（1月）

年末から始めた学習である。

自分たちの校区にある店がどのような品物をどれくらいの価格で販売しているのかを品物と値段にこだわって調査していくことを通して、自分たちの町の経済に興味をもち、季節に応じた品物が意図的に陳列されていることに気づかせていきたい。校区の商店街の経済を探ることから、私たちの暮らす社会の流通や経済に興味をもつことを期待したい。年明けの新聞の広告、チラシを見ると、「新春初売り」「お年玉セール」「初売り大バーゲン」の文字が目立つ。そんなチラシや広告を手がかりに単元の導入に活用する。

冬休み明けの３日目。子どもたちに次のように言葉がけをした。

紙袋の中から、ちらちら見せながら子どもたちの好奇心をくすぐる。子どもたちは、「えー、なになに？」と私が持っている紙袋に集中し始める。

「実は、これでした」

子どもたちの前に新聞の広告を見せる。「なあんだ、広告か」「その広告、家にもあるよ」と声が上がる。

・12月のときだけだから、今はもう置いてないと思うよ。
・今もまだあるんじゃあないかな。
・この間、行ったらまだあったよ。
・バーゲンだから、もうやってないよ。
・よくわからないなあ。

年末のことを話すと、子どもたちは口々に予想を話す。年末にも親と一緒に買い物に行っている子どもも多いようである。しかし、大部分の子どもは「どうなっているのか、わからない」である。そこで、教師のほうから子どもたちに提案する。

秋にやったお店ウオッチングしようか。

「行こう、行こう」「今から行こう、先生」と言う子どももいた。

「今日は、無理だから○日に行こう。どんなものを準備すればいいですか？」

・探検バインダー
・筆記用具
・ノート

12月に一度、経験しているだけに、活動の見通しは子どもたちのなかでも十分に立っている。持ち物を黒板に書きながら確認した。子どもたちにとってはステーションデパートや駅前商店街は、もう一つの教室である。夏らしいもの見つけや秋味見つけでも何度も足を運んでいる。子どもたちを連れていくと、魚屋のお兄さんやおばさんに声をかけられることもしばしばであった。

計画を立てて、実際にお店ウオッチングに出かける前には、事前の指導をして、取材マナーの確認が大切である。一学期から何度も経験しているが、事前にもう一度、確認を行った。

「覚えているよ、あいさつをするんだよね」

ここでは、実際に教室で子どもたちとシミュレーションすることで取材方法を確認する。一年生の子どもたちは、同じことを繰り返し指導することで定着する。粘り強く、何度も指導することを最初に心がけておかなくてはならない。

教師は、お店の人、子どもたちが取材する側に分かれてみんなの前で演じてみることで約束事の確認をする。また、事前に各お店に取材依頼のお願いをしておくことは当然、必要である。

取材後は、教室に帰って報告会を開く。

「セーター9800円が4900円で売っていたよ」

「福袋5000円が1000円で売っていたよ」

「カレンダーが半額になっていたよ」

それぞれのお店によって今の季節にバーゲンしている商品を知り、どんなものがよく売れているのかを互いの報告を聞くことで確認した。

3．一年生の教育計画で実践したいポイント

ここでは、一年生の実践を行うときの心得を述べていきたい。私は、以下の2点に気をつけて教育計画を実施している。

(1) もっぱら今、何を学んでいるのかを明確にする

一年の子どもに関しては言えば、今はどんなことを勉強しているのかということをはっきりと自覚させてあげたい。そのためには、「もっぱら今、中心にやっている学習は何か？」ということを教師も子どもたちも明確にすることである。いわゆるコアカリキュラムの考え方である。先に紹介した「冬のお店ウオッチング」を例にすると、コア（中心学習）は「冬のお店ウオッチング」と位置づけ、その学習を中心に教育計画を仕組む。物の値段などを扱う場面では、算数の時間を使い、関連的な指導を行う。季節の魚や果物の名前も、英語の時間に取り扱う、国語など、発見発表でもテーマに掲げさせるなど、中心学習をより太らせるような学習活動を並べることができる。

このような方法を用いることで、各教科の導入がしやすくなる。

「この間、調べたバーゲンの値段を計算してみようか」

「冬のバーゲンで見つけたもののフラッシュカードです。英語で読めるかな」

このように、低学年の子どもにおいては、特に「もっぱら○○をお勉強している」ということを明確に示してあ

げたほうがいろいろな活動に関連して意識が続きやすく、子どもたちの学びのストーリーに基づいた教育計画が展開できる。

⑵　時期と時間数

時期と時間数を十分の配慮することも重要なポイントである。いつ、どのくらいの時間数で実施していくのか明確にすることで内容のボリュームが決まる。

例えば、２月の節分に向けて鬼の学習を行う。ねらいは、鬼ごっこのルールをつくったり、鬼が出てくるお話を紙芝居やペープサート、劇で表現することを楽しんだり、自分や友達の心の弱い部分を考えたりすることを通して、自ら工夫して取り組む楽しさを感じることと自分自身を見つめ直し、相手のことを考える態度を育む。それらの目標に迫るための経験活動は、「鬼ごっこをつくろう」「鬼のお話づくりをしよう」「心のオニをつくろう」の三つ。時間数は、34時間のボリュームで展開する。

このように、一つ一つのことを考慮しながら教育計画を立てることが大切であろう。

【執筆者一覧】

芹沢　晴信　　静岡県三島市立北上小学校
佐藤美果子　　岩手県江刺市立梁川小学校
神田　朋恵　　埼玉県さいたま市立中島小学校
三澤　雅子　　栃木県鹿沼市立北押原小学校
関谷　千恵　　愛媛県松山市立宮前小学校
角田　俊幸　　北海道別海町立別海中央小学校
高谷　圭子　　栃木県野木町立南赤塚小学校
青木　勝美　　北海道別海町立別海中央小学校
太田麻奈美　　滋賀県栗東町立金勝小学校
溝端　達也　　兵庫県神戸大学発達科学部附属明石小学校

【編者】
向山　洋一（むこうやま　よういち）
1943年９月15日生まれ
1968年３月　東京学芸大学社会科卒業
2000年３月　東京都大田区立多摩川小学校退職
NHK「クイズ面白ゼミナール」教科書問題作成委員。千葉大学非常勤講師などを歴任。上海師範大学客員教授。教育技術法則化運動代表。日本教育技術学会会長。
著書に「授業の腕を上げる法則」「向山式子どもとのつきあい方」「教師修業十年」「跳び箱は誰でも跳ばせられる」（以上明治図書）のほか、「向山式家庭学習法」「向山式おもしろ学習ゲーム」「人を育てるプロの技術」「とっておきの父親学」など多数。
月刊「教室ツーウェイ」（明治図書）編集長。インターネットポータルサイトＴＯＳＳランド代表。

ビギナー教師のためのTOSSが提案する教育技術入門
１年生の担任になったら…　365日の教育設計

2002年４月初版刊
2003年２月３版刊
©編　者　向　山　洋　一
「教室ツーウェイ」編集部
発行者　藤　原　久　雄
発行所　明治図書出版株式会社
http://www.meijitosho.co.jp
（企画）樋口雅子（校正）クレイ企画事務所
東京都豊島区南大塚2-39-5　〒170-0005
振替00160-5-151318　電話03(3946)3151
営業開発センター　電話048(256)1175
＊検印省略
印刷所　松澤印刷株式会社

Printed in Japan
ISBN4-18-206411-9